그릇에 숨겨진
디자인

그릇에 숨겨진 디자인

ⓒ 김슬기, 2025, 대한민국

2025년 1월 31일 펴냄

지은이   김슬기
펴낸이   권기호
펴낸곳   공존
출판   등록 2006년 11월 27일(제313-2006-249호)
주소   (04157)서울시 마포구 마포대로 63-8 삼창빌딩 1403호
전화   02-702-7025   팩스   02-702-7035
이메일   info@gongjon.com   홈페이지 www.gongjon.com

ISBN   979-11-979165-4-0 03630

이 도서는 2024 문화체육관광부 "중소출판사 도약부문 제작 지원"
사업의 지원을 받아 제작되었습니다.

김슬기

그릇에 숨겨진 디자인

도자기를 수집하고 수리하며

알게 된 것들

꽃존

머리말

현대 도자기는 과거 도자기와 이어져 있다. 도자기를 만들고 사용하는 사람들의 삶이 이어져 왔듯이 도자기의 물성과 거기에 담긴 의미 또한 면면히 이어져 왔다. 도자기의 물성을 구성하는 많은 요소 가운데 오늘날 가장 중요하게 여겨지는 것은 디자인이다. 도자기 디자인은 공예품인 도자기의 특성상 겉으로 드러나는 시각적 외형에 한정된 것이 아니며 도자기의 물성을 구성하는 대부분의 요소와 관련있다.

10년간 도자기를 수집하고 수리해 오면서 디자인을 중심으로 도자기를 이해하려고 노력했다. 특히 오래된 도자기를 다루면서 그것이 만들어진 당대는 물론이고 이전과 이후의 다른 도자기들에서 보이는 디자인의 유사성과 차이점, 연관성 등을 살펴보았다. 도자기의 역사뿐만 아니라 세계사와 문화사도 함께 고려했다.

이 책은 궁금한 것들을 알아가는 과정에서 모은 자료와 그것에 대한 분석을 바탕으로 하고 있다. 고대부터 현대까지 세상에 무수한 도자기가 있었기에 관심의 초점이 필요해 고민하던 중, 덴마크를 대표하는 도자기인 로열 코펜하겐의 디자인과 역사에 매료되어 그것을 실감개 삼아 도자기 디자인 이야기를 엮어 보았다(절대 로열 코펜하겐을 상업적으로 홍보하기 위한 의도는 없으며 후원이나 협찬을 요구하거나 받은 바 없음을 미리 밝혀둔다).

우선 도자기 디자인의 역사를 간략히 훑어본 후 로열 코펜하겐을 소개하면서 동서양의 도자기 교류와 유럽 자기의 발달을 함께 설명한다. 그런 다음 로열 코펜하겐의 디자인을 이루는 요소를 하나하나 분석하면서 각각과 관련된 역사와 문화 등을 살펴보고, 끝으로 도자기를 수집하고 수리하면서 생각하고 느낀 점을 이야기한다.

도자기는 입체 화면의 화폭이라고 할 수 있다. 형태, 색상, 질감, 문양 등으로 표현할 수 있는 디자인은 무한하다. 디자인 요소 중 어느 것도 의미없는 것은 없다. 이를테면 오랜 세월 도자기에 빈번하게 쓰인 문양에는 상징이 숨겨져 있고 문양이 변하면서 상징도 함께 변했다. 그러한 문양과 상징을 이해하는 것은 그 시대의 삶과 세계를 이해하고 도자기 디자인의 원리와 흐름을 파악하는 데 도움이 된다. 특히 현대 도자기 디자인에서 추구하는 자연 친화적이고 인간적인 미니멀리즘을 이해하는 데 기반이 된다.

그런 면에서 로열 코펜하겐은 분석할 가치가 있는 다양한 요소를 지니고 있다. 자연을 주제로 한 문양과 그림이 있는 중국 청화백자를 기원으로 하면서 유럽식으로 재해석해 단순화하고 고급화하는 과정을 거쳐 250년 동안이나 하나의 스타일을 진화시켜 왔기 때문이다.

기술이 발달하여 도자기가 대량으로 생산되고 저렴하게 판매돼 쉽게 버려지는 오늘날, 소위 명품 도자기가 아니면 일회용 소모품처럼 여겨지고 있다. 생활용품점에 가면 커피 한 잔보다 저렴한 도자 그릇이 즐비하다. 양호한 품질의 그릇을 값싸게 구입할 수 있는 것은 좋지만, 많이 만들고 많이 버리는 만큼 자원 낭비와 환경 오염이 야기된다. 우리나라 도자기 공장들에서만 연간 수천 톤의 불량품이나 파편 폐기물이 배출되고 있고, 환경을 오염시킬 수 있는 화학 안료와 유약이 매립되거나 하천으로 유입되고 있다.

도자기를 수리하다 보니, 무엇보다 도자기를 함부로 버리지 않고 깨진 도자기를 수리해서 재사용하는 문화가 널리 확산되면 이러한 문제를 어느 정도 해결할 수 있을 것이라 생각하게 되었다. 일본이나 중국에는 깨진 도자기를 수리하는 기술과 문화가 수백 년 동안 이어져 내려오고 있다. 또한 도자기 폐기물을 재활용할 수 있는 방법도 더 다양하게 개발되어야 할 것이다.

깨진 도자기를 수리하다 보면 그 디자인을 다시금 음미하게 되고 거기에 담긴 추억을 떠올리게 되며, 수리 과정과 결과를 또 하나의 소중한 삶의 조각으로 간직하게 된다.

이 책이 도자기와 디자인에 관심있는 사람들에게 유익한 읽을거리가 되길 바라며, 미흡한 부분이 있다면 너그러운 마음으로 지적해 주길 부탁드린다.

끝으로, 집필과 편집에 조언을 아끼지 않은 임지영 작가와 공존 편집부에 감사드린다. 늘 응원해준 네이버 카페 하이디의 회원들에게도 고마움을 전한다. 그림 그리기 좋아했던 청소년 시절의 나와 지금의 나의 딸에게 이 책을 안겨주고 싶다. 이 책의 여정은 딸의 포옹에서 시작되었다.

차례

1부

도자기
디자인에 대하여

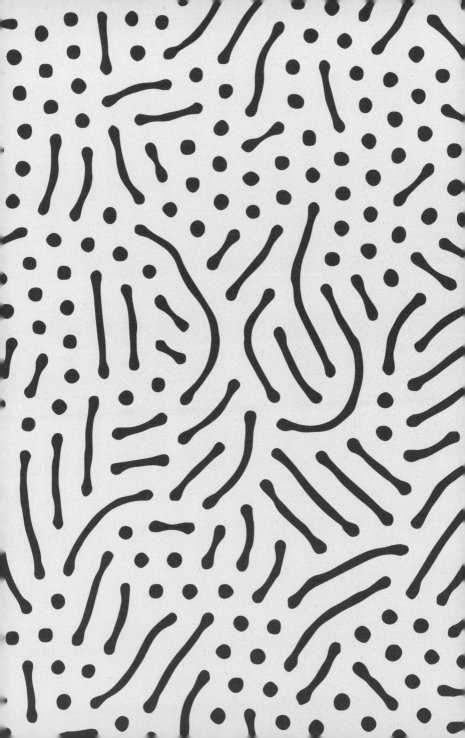

1장

도자기 디자인의 간략한 역사

중국 전국시대 말기의 법가 사상가 한비(BC 280?~BC 233)가 쓴 『한비자韓非子』에는 "우방수방 우환수환盂方水方 盂環水環"이라는 공자孔子의 사상이 실려 있다. 그릇 모양에 따라 물이 각지거나 둥글 수 있다는 말이다. 임금 하기에 따라 백성이 달라진다고 해석되는데, 문자 그대로 그릇에 따라 삶과 세상이 달라지기도 한다.

그릇이란 "음식이나 물건 따위를 담는 기구"를 일컫는다. 그 기구를 만들거나 이용하는 사람의 행동과 생각이 직간접적으로 그 기구에 작용하고 투영된다는 점에서 그릇은 "삶을 담는 도구"이기도 하다.

그릇을 의미하는 한자 기器는 '여러 사람의 입 집㗊'과 '개 견犬'

이 결합되어 만들어진 글자이다. 이 글자의 유래를 두고 여러 학설이 분분한데, 도자기를 수집하고 수리하는 사람으로서 가장 수긍이 가는 주장은 "그릇 4개▦를 개犬 1마리가 지키고 있는 모습"이라는 해석이다. 수천 년 전 옛날에는 제례나 축제, 일상에서 쓰는 그릇이 매우 귀했기 때문에 사나운 개를 곁에 두어 지켰을 것이라는 말에 충분히 공감이 간다. 그릇이 공동체 활동의 도구이자 귀중한 생필품이었다.

그 다음으로 고개가 끄덕여지는 풀이는 "개 1마리를 잡아서 그릇 4개(여러 사람의 입)에 나눠 담아 함께 먹었다"는 해석이다. 과거에는 동서양을 막론하고 개를 비롯한 온갖 동물을 잡아먹었다. 여기서 중요한 것은 개가 얼마나 큰지, 그릇이 얼마나 큰지가 아니라 공동체가 그릇을 이용해 음식을 나눠먹었다는 사실이다. 그릇이 공존의 수단이었다.

사람들은 이러한 그릇의 크기, 모양, 질감, 색상, 문양, 장식, 용도, 수량 등에 따라 다른 인식, 다른 생각, 다른 행동을 하게 된다. 예를 들면, 매일 차를 마시는 데 쓰는 찻잔 하나가 권력자의 생각이나 말 또는 행동이 달라지게 할 수 있고, 문인이나 예술가의 작품에 영향을 미칠 수 있다. 앞에 둔 커피잔이나 찻잔을 바라보고 매만지며 깊은 생각이나 대화를 하는 것은 단순한 음료 섭취 이상의 의미가 있다.

오늘날에는 그릇의 디자인이 실용이나 장식, 모든 면에서 그릇 자체보다 중요하게 여겨지고 있다. 그릇을 제작하는 물리적 조건의 격차가 줄어들고 있어 디자인의 비중과 가치가 더 커지고 있다. 그러한 그릇 중에서 도자기는 우리의 생활과 밀접한 관련이 있으면서 사회와 문화 전반에 지속적이고 심대한 영향을 끼쳐왔다.

도자기란 고대부터 현대까지 물과 불을 이용해 흙으로 만들어 온 그릇류의 용품이나 공예품을 일컫는다. 개중에는 시대나 지역마다 다른 마실거리, 먹을거리를 담는 그릇과 생활용품이 대부분이긴 하지만, 개인이나 집단의 가치관, 세계관, 미적 감각, 생활양식, 풍습, 관습, 종교 등을 표현한 장신구, 장식품 같은 공예품과 미술 작품도 많다. 그래서 도자기에는 삶과 문화가 깊게 녹아 있어 과거나 현재의 도자기에서 많은 것을 읽어낼 수 있다. 즉, 도자기를 이해하면 인간과 세계를 이해할 수 있다.

그러려면 우선 도자기에 대해 알아야 한다. 이 장에서는 현대의 도자기를 이해하는 데 필요한 핵심 요소인 도자기 디자인을 중심으로 간략히 소개를 하고자 한다.

도자기 디자인은 표면에서 느낄 수 있는 2차원적 평면 요소(질감, 색상, 빛깔, 무늬, 그림 등)와 구조에서 파악할 수 있는 3차원적 입체 요소(재질, 형태, 장식, 크기, 용도 등)로 나눠 생각해 볼 수 있다.

그리고 이를 다시 도자기의 종류와 개별 특성에 따라 세분화해서 분석해 볼 수 있다.

디자인은 '설계設計'의 의미가 크다. 흔히 '디자인' 하면 떠올리는 '문양文樣'은 2차원 그림이며 이것이 반복적인 규칙을 이루면 '패턴Pattern'이 된다. 2차원 문양이 3차원 영역에서는 '형상形狀'으로 입체가 된다. 점, 선, 면은 입체로 전개되는 과정이고, 이러한 요소들이 설계에 이용되면 '디자인'이 이루어진다.

디자인의 전개

점	선	면	입체
•	—	■	

삶과 세계를 담아내는 문양과 형상에는 시대가 반영되어 있다. 선사시대 문화를 연구한 고고학자 아리엘 골란Ariel Golan (1921~2007)은 이렇게 말했다.

"고대의 상징에는 다양한 의미가 있었다. 숭배 목적으로 사용된 디자인 외에 부족 표시, 소유 표시, 지침指針 같은 다른 용도의 디자인도 있었다. 숭배 목적의 디자인은 널리 이용되었고 변화가 드물었다. 하지만 세월이 흐르면서 그 의미가 잊혀져 장식에 지나지 않게 되었다. 더 정확히 말하자면, 디자인의 의미가 사라지기 오래전부터 이미 일상생활에 쓰이는 장식용 문양이 되었다. 2만 년 전부터 1만 년 전까지 만들어진 장식 조각은 장식이면서 상징이다. 기원전 7000년 전부터 기원전 3000년 전까지 만들어진 매우 예술적으로 장식된 도자기 또한 장식이면서 상징이다."[1]

고대인들은 자연을 숭배의 대상으로 삼았다. 그 대상을 신성시하고 도식화한 사례는 무궁무진하다. 오래된 미술품 속에서 그 흔적을 쉽게 찾아볼 수 있다. 대표적인 예가 도자기의 무늬다. 입체 면에 새겨지거나 찍히거나 파이거나 부착되어 표현된 무늬들은 모두 자연에서 모티브를 얻은 것이었다. 점, 선, 면으로 구성된 고대 토기의 문양은 도자 제작 기술이 충분히 발달하지 않은 시대에 등장한 신성한 디자인이다.

고대 토기의 탄생 과정은 불분명하다. 토기는 질감이 거칠고 물을 흡수하는 성질이 있어 액체를 담아 보관하기가 어렵다. 시대의 변화와 기술의 발달에 따라 점차 높은 온도로 제작된 도자기는 삶의 질을 높이는 데 기여했다. 토기와 도기와 자기는 제작 온도로 구분된다.

도자기 소성 온도

구분	토기	도기	석기(연질 자기)	자기(경질 자기)
소성 온도	600~800℃	900~1100℃	1100~1250℃	1300℃ 이상

도자기는 흙(태토^{胎土})과 굽는(소성^{燒成}) 온도에 따라 토기(土器, clayware), 도기(陶器, earthenware/pottery), 석기(炻器, stoneware, 연질 자기), 자기(瓷器, porcelain, 경질 자기)로 나뉜다.[2] 연질^{軟質} 자기와 경질^{硬質} 자기는 빙렬^{氷裂}의 유무로 구별할 수도 있다. 겉으로는 같은 자기처럼 보여도, 연질은 경질에 비해 약하므로 유약에 금이 가 물이 스며든다면 연질 자기일 가능성이 크다.

현존하는 고대 토기는 대부분 신석기시대에 만들어졌다. 그중 가장 오래된 토기는 빌렌도르프의 비너스 상이다. 다산^{多産}을 상징하는 유방과 복부, 둔부를 과장되게 표현함으로써 여성의 '생식' 기능을 부각시켰다. 그릇 형상의 토기로는 일본의 '조몬^{繩文} 토기'가 있다. 새끼줄 무늬가 많아서 붙여진 이름이다. 우리나라 토기와는 다른 형태의 무늬가 들어가 있다.

우리나라의 고대 토기는 '1916년 평안남도 용강 용반리 유적'에서 처음 발견되었다. 신석기 토기를 연구해 온 호서대 김찬곤 교수는 "'서울 강동구 암사동 빗살무늬 토기'가 일관적인 형태를 보여 세계 신석기 토기 무늬의 하나의 기준으로 삼아도 좋을 것이다."[3]라고 했다. 이렇듯 일관된 패턴으로 장식된 토기들이 대량 제작되었으므로 빗살무늬는 당시에 유행한 일종의 트렌드라고 할 수 있다.

점과 선으로 표현된 빗살무늬 토기 문양에는 고대인의 세계

서울 암사동 빗살무늬 토기. 국립중앙박물관

관이 담겨 있다. 당시 하단이 뾰족한 토기는 대부분 땅에 꽂거나 뉘어서 사용했다. 하단의 문양은 땅속에 살아 있는 식물 뿌리를 표현한 빗살이고, 뿌리 위의 문양 없는 부분은 대지를 표현한 것이다. 비 내리는 하늘처럼 보이는 굴곡진 점선은 한 폭의 풍경화를 연상시키기도 한다. 찍어서 완성한 규칙적이고 단순한 패턴인데, 이런 패턴과 구도가 현대에서는 오히려 세련된 인상을 준다. 아이들이 그리는 그림에서도 보이는 점, 선, 무늬는 인류가 고래로 사용해온 보편적인 표현 요소이다. 여기에 안정적인 굽과 손잡이가 더해져 '보는' 디자인에서 '사용하는' 디자인이 되었다.

이와 같은 예로 중국 상나라 시대(BC 16세기~BC 11세기)에 만들어진 '백도각문존白陶刻纹尊'을 들 수 있다. '백도각문존'은 표면 장식으로 고대 생물이나 상상의 동물을 도식화해 줄지어 배열한 청동기시대 토기다. 도철饕餮4, 봉황鳳凰, 용龍 등 다양한 생물의 모습이 축약되고 기하적으로 그려져 주술적인 느낌이 가득한 문양에서 청동기시대 사람들의 세계관을 가늠할 수 있다.

대체로 세밀하게 표현되던 청동기시대 초반의 무늬들이 시간이 지나면서 단순화되는 경향을 보였다. 이는 제례에서의 종교적 의미가 퇴색한5 도자기가 장식 미술 양식으로 남겨졌기 때문인 것으로 보인다. 공교롭게도 이 시기에 만들어진 도자기의 문양은 동서양을 막론하고 비슷한 모습을 띤다.

백도각문존, 중국 상하이박물관

디필론 암포라, 그리스 아테네 국립고고학박물관

그리스 아테네 국립고고학박물관에 전시된 '디필론 암포라 Dipylon Amphora(BC 760~BC 750)'를 보면 중국 청동기시대 토기와 유사한 무늬를 띠고 있다. 거기에 손잡이가 있어 보다 실용적인 생활용품의 면모를 갖추었다.

디필론 암포라는 아테네의 디필론 묘지에서 출토된 장례용 항아리이며, '암포라'는 손잡이가 두 개 달린 도자기를 의미한다. 검은색과 붉은색의 대비가 강렬한 디필론 암포라의 중간 부분에는 죽은 여성이 무덤에 묻히는 과정이 흑백 애니메이션의 한 장면처럼 묘사되어 있다. 저명한 미술사가 에른스트 곰브리치 Ernst Gombrich(1909~2001)는 "그들의 도기는 단순한 기하적 문양으로 장식되어 있으며, 어떤 정경을 묘사하는 경우에도 그것은 이 엄격한 디자인의 일부를 형성하게 되어 있다"고 했다. 표면을 뾰족한 송곳으로 새기거나 긁어 문양을 만드는 '흑회식黑繪式' 도기 제작법의 특성상 단순한 도형으로 그려진 문양이 직관적이고 암시적으로 보인다는 것이다. 장례를 치르는 사람의 모습을 제외한 나머지 기하적 무늬들은 주술적 의미 없이 도자기를 장식하는 역할을 한다.

반면, 적회식赤繪式 도기는 흑회식 도기와 달리 무늬를 붓으로 그리므로 회화성이 강하다. 흑회식의 딱딱하게 도형화된 사람 모습이 부드러운 인물화 속 모습으로 바뀐 듯하다. 고대 그리스에서 만들어진 도자기 장식에서는 주로 당시 사람들이 즐기던 문학 작품의 한 장면이나 유명한 화가의 그림을 모사했다. 문양과 그림이 혼재하는 표면 장식에서 지역의 정체성이 드러난다. 찬찬히 보고 있노라면 장편 영화를 감상하는 듯한 느낌이 든다.

17세기까지만 해도 경질 자기는 동아시아에서만 제작되었다. 자기는 중국에서 처음 만들었다. 3세기 무렵부터 연질 자기인 청자를 제작했다. 당나라(618~907)와 송나라(960~1276) 비색秘色 청자의 대표격인 웨저우야오(越州窯, 월주요) 자기에 통일신라와 고려의 귀족들, 일본 헤이안시대(794~1185) 귀족들이 매료됐다.

자기는 자토磁土로 쓰이는 특별한 흙인 고령토高嶺土로 만들어진다. 고령토는 카올리나이트kaolinite(고령석)가 주성분인 점토 카올린kaolin을 가리키며, 태토와 유약의 원료로 쓰이는 흰색 또는 회색의 흙이다. 고령토라는 명칭은 중국 장시성 징더전景德鎭시 부근의 점토 산지인 가오링Gāoling(고령高嶺)촌에서 유래했다.

중국 도자기를 수입했던 페르시아에서도 자기 제작을 시도했지만 해당 지역의 흙은 높은 온도를 견디지 못해 번번이 실패했다.[6] 토기와 도기는 600~1,100도에서 구워도 되지만, 자기는 그 이상의 온도에서 구워야 했기 때문이다. 그래야 얇고 가볍게 만들 수 있었고 토기나 도기에 비해 유리질 함량이 높아 광택이 나고 투광성이 높았다. 당시 자기를 만들 수 있는 나라는 중국이 유일했다.

우리나라는 중국과 교류하며 자기 제작 기술을 발전시켜 고려 청자를 만들어냈다. 고려는 10세기에 중국 웨저우야오의 기술을 들여와 청자를 만들었다. 그러다가 12세기에 이르러 고려만의 비색翡色 청자를 일구어냈다. 전남 강진에 있는 가마터는 양국 간 기술 교류의 결과이며, 이를 통해 비색 청자를 만들 수 있는 독자적 기틀을 마련했다. 고려는 세계에서 두 번째로 손꼽히는 자기 생산국이 되었을 만큼 중국에서도 기술을 인정받았다. 고려 청자의 수준은 전남 신안 앞바다의 신안선에서 출토된 유물을 통해서도 잘 알 수 있다.

고려 '청자 음각 열매 무늬 네 귀 달린 항아리'의 몸통에는 작은 손잡이가 있다. 손잡이는 뚜껑을 항아리에 단단히 고정시킬 끈을 꿰어 사용하기 위한 디자인이다. 이런 형상을 사이호四耳壺 혹은 마르타반 항아리Martaban Jar라고 부른다. 무령왕릉에서 출토된 청자 육이호六耳壺 도자기도 같은 유형에 속한다. 손잡이가 달린 항아리는 해상 실크로드의 선박에서 유용하게 쓰인 생활용품이었다.[7] 이 고려 청자는 유리질의 고운 비색을 띠고 있다.

"고려 비색 천하제일高麗翡色天下第一." 중국 송나라 학자인 태평노인太平老人 문장중文張仲은 『수중금袖中錦』의 「천하제일天下第一」 편에서 '고려 비색'을 중국의 여러 특산물과 함께 '천하 제일'로

청자 음각 열매 무늬 네 귀 달린 항아리, 국립중앙박물관

칭송했다. 또한 12세기에 고려를 다녀간 송나라 학자 서긍徐兢 (1091~1153)은 자신의 견문록에 "도기의 빛깔이 푸른 것을 고려인은 비색翡色이라고 하는데, 근년의 만듦새는 솜씨가 좋고 빛깔도 더욱 좋아졌다. 술그릇의 형상은 오이 같은데 위에 작은 뚜껑이 있는 것이 연꽃에 엎드린 오리의 형태를 하고 있다. 또 주발·접시·술잔·사발·꽃병·탕잔湯琖도 만들 수 있었으나 모두 중국의 기물 제작법을 모방한 것들이기 때문에 생략하여 그리지도 않고, 술그릇만은 다른 그릇과 다르기 때문에 특히 드러내었다."[8]고 기록했다.

그만큼 12세기 고려 청자는 빼어나게 아름답고 실용적인 디자인의 도자기였다. 푸르스름한 유약이 이전의 어떤 자기보다 신비롭고 청아한 아름다움을 연출했다. 앞선 문화의 상징과도 같았던 고려 청자는 왕실과 귀족이 일상과 제례에 사용한 귀중품이었고 대외 교류에서도 중요한 품목이었다.

고려 청자는 '상감象嵌'으로 대표되는 제작 기법으로도 유명하다. 중국에서 장신구 등에 이용되던 기법을 들여와 도자기에 처음 구현했다. 상감은 도자기 표면에 무늬를 긁어 새긴 뒤 백토, 흑토로 채워 넣고 구운 후 유약을 다시 입히는 기법을 말한다. 국보 제68호인 고려 '청자 상감 구름 학 무늬 매병'을 보면 동그란 무늬와 하단의 연꽃 문양이 눈에 띈다. 동그란 무늬 안팎의 학은

청자 상감 구름 학 무늬 매병, 간송미술관 소장, 국가유산청 사진

다차원의 우주를 상징하고 하단의 연꽃 문양은 땅을 상징하는데, 이를 통해 고려시대의 불교적 세계관을 알 수 있다.

2장

유럽 도자기의 청출어람

영국의 탐험가 월터 롤리$^{Walter\ Raleigh}$(1552~1618)는 "바다를 지배하는 자가 무역을 지배하고, 세계의 무역을 지배하는 자가 세계의 부를 지배하며, 그럼으로써 세계 전체를 지배하게 된다."고 했다. 실제로 유럽은 대항해 시대(15~17세기)에 항로를 개척하여 바다를 지배함으로써 세계를 장악하게 됐다.

동서양은 기원전 2세기부터 15세기 중반까지 실크로드를 통해, 그 이후에는 주로 대항해 시대 항로를 통해 교역하며 서로의 문물을 주고받았다. 특히 중국 청화백자를 비롯한 아시아의 도자기는 바닷길을 통해 수천만 점이 유럽으로 수출되었다.

대표적인 것이 '크락$^{Kraak,\ Craak}$ 자기'다. 크락 자기는 동서양 중개 무역을 하는 이슬람 상인들이 중국에 주문한, 지금으로 말하면 '맞춤 제작 도자기'였다. 당시 페르시아에는 청화백자青華白瓷에 쓰이는 코발트 안료가 풍부했지만 경질 자기를 만들 수 있는 중국의 고령토와 가마, 기술력은 없었다. 청화백자는 중국만 생산할 수 있었고, '블루 차이나Blue China'는 '청화백자'의 대명사로 통했다.

네덜란드 프린세스호프 국립도자박물관이 소장한 '백자 청화 사슴 무늬 접시'는 코발트 안료로 그린 문양으로 접시를 꽉 채운 전형적인 크락 자기다. 중심과 주변부는 기본 도형인 '창窗'에 둘러싸여 있고 그 안은 아시아에서 상서롭게 여기는 문양으로 채워져 있다. 크락 자기는 13세기 말부터 14세기 중기까지 중국에서 서아시아, 중동으로 대량 수출되었다. 16세기에는 유럽에 전파되기 시작하여 17세기에 이르러 네덜란드와 영국 등지에 널리 퍼졌다. 이 과정에서 자기의 무늬가 세밀한 도안에서 점차 단순하고 도식적인 문양으로 변했다.

크락 자기를 모방한 네덜란드의 '델프트Delft 도기'는 청화백자를 직접 만들고 싶어한 유럽의 열망이 그대로 투영된 첫 작품이다. 델프트 도기는 저렴하면서 만족할 만한 품질로 유럽을 사로잡았다. 비록 얇고 단단한 중국 자기에 비해 품질은 떨어졌지만 유럽 전역에 '델프트 블루'라는 명성으로 청화백자 열풍을 일

백자 청화 사슴 무늬 접시, 네덜란드 프린세스호프 국립도자박물관

네덜란드 델프트 도기 항아리(왼쪽)와 중국 청화백자 항아리,
네덜란드 프린세스호프 국립도자박물관

으켰고 유럽인들의 자기 제작 갈증을 증폭시키는 기폭제 역할을
했다.

유럽 각국의 도기는 서로 다른 명칭으로 불리며 다양한 색채
를 띠기 시작했다. 네덜란드의 델프트 도기는 이탈리아 도기 '마
졸리카Majolica'의 기술을 받아들이며 더욱 차별화된 모습을 갖추
게 되었다. 중국 자기에 비해 다소 거칠고 투박한 느낌이 들긴 했
지만 당시 유럽의 도기는 투명한 질감과 아름다운 색상을 자랑
했다. 유럽인의 욕구를 충족시키기에는 충분한 수준이었고 이
후 서양 문화에 열광한 일본으로 수출되기도 했다.

한편, 아시아의 다양한 공예품이 유럽 예술사에 영향을 미
쳐 오리엔탈리즘적인 사조를 형성하기도 했다. 17세기 후반부
터 시작되어 후기 바로크, 즉 로코코Rococo 양식에 영향을 미치며
18세기에 절정에 달한 시누아즈리chinoiserie가 대표적이다. 시누
아즈리는 프랑스어로 중국풍中國風을 뜻하며, 중국 공예품에서 보
이는 그림과 문양이 회화, 공예, 건축 등에 널리 이용됐다.

중국에서 수입된 이국적인 제품들은 화려한 장식을 추구하
던 당시 분위기와 맞아떨어져 큰 인기를 끌었다. 독일 샤를로텐
부르크 궁전, 아우구스투스 2세의 츠빙거 궁전, 포르투갈 리스
본의 산투스 궁전에 남아 있는 중국 도자기와 건축 양식은 유럽
인이 시누아즈리를 부와 권력을 과시하는 데 어떻게 활용했는지

관음보살상, 네덜란드 프린세스호프 국립도자박물관

잘 보여준다.[9] 로코코와 서로 영향을 주고받은 시누아즈리는 섬세하면서 부드러운 곡선 장식이 특징이다. 특히 자연을 모티브로 한 것들이 많은데, 이는 동아시아의 불교, 도교 미술에서도 흔한 레퍼토리였다.

두 미술 양식의 혼재는 충돌이나 갈등을 빚기는커녕 의외로 흥미로운 결과를 낳기도 했다. 중국 남동부 푸젠성의 도요지인 더화야오德化窯에서 만들어진 인물상인 관음보살상은 두 문화의 만남이 시너지를 빚은 좋은 예다. 보살이 동자승을 안고 있는 모습은 성모 마리아가 아기 예수를 안고 있는 모습을 연상시킨다. 불교와 가톨릭의 상징이 비슷하게 겹치면서 다르게 표현된 경우다. 불교 미술에서 보살상은 부드러운 곡선이 두드러지는데, 관음보살상의 여성적인 모습이 로코코 미술에 익숙한 유럽인에게 성모 마리아상처럼 신성하게 다가왔을 것이다.

17세기 말~18세기에 걸쳐 유럽은 중국 자기를 모방하기 위해 '경질 자기' 제작에 노력을 아끼지 않았다. 급기야 1708년 독일 동부 마이센Meissen에서 유럽 최초의 경질 자기를 만들어냈다. 17세기 독일은 종교개혁의 소용돌이 속에서 여러 지역으로 분열돼 전쟁을 치르면서 주변 유럽 나라에 비해 경제적으로나 문화적으로 뒤처져 있었다. 주변 국가를 의식한 콤플렉스의 발현이었는지 아니면 전쟁 자금을 조달하기 위해서였는지, 그것도 아니면 호화로운 생활을 유지하려는 왕의 욕심 때문이었는지 작센의 프리드리히 아우구스트 1세는 요한 프리드리히 뵈트거Johann Friedrich Böttger(1682~1719)라는 연금술사에게 백자를 만들도록 지시했다.

뵈트거는 당시 가발에 사용된 흙가루에서 자기 제작 비법의 실마리를 찾았다. 운이 좋게도 고령토高嶺土를 작센과 보헤미아 국경에 있는 에르츠 산맥에서 구할 수 있었다. 높은 온도를 견딜 수 있는 흙의 발견과 서양 화학 발전의 근간인 연금술의 만남은 동아시아의 도자 기술을 능가하고도 남을 환상의 조합이었다. 중국에 파견된 선교사들도 유럽 도자 발전에 일익을 담당했다. 특히 프랑스의 프랑수아 그자비에 당트르콜François Xavier Dentrecolles(1664~1741)이 중국 징더전에 산업 스파이로 머물면서 쓴 편지를 모은 『예수회 선교사들이 중국에서 부치는 비밀스럽고 유익한 편지』라는 책은 유럽 도공들에게 자기 제작 매뉴얼로 이용되며 기술 발전에 크나큰 영향을 미친 것으로 보인다. 그리하여 1708년 '뵈트거 자기'가 탄생했다.

중국 자기 모방을 통한 시누아즈리 양식의 독자적 발전은 뵈트거 자기의 장식에도 잘 나타나 있다. 순백색 바탕에 틀로 찍은 복잡한 문양을 붙이는 것이 뵈트거 자기의 주된 특징인데, 길상吉祥이나 풍요를 상징하는 동양의 장식 문양들이 그 의미는 잃고

뵈트거 자기 찻주전자, 잔, 받침, 네덜란드 호로닝어르 박물관

화려한 아름다움만 부각되어 있다.

뵈트거 이후 요한 그레고리우스 회롤트Johann Gregorius Höroldt (1696~1775) 가족이 마이센 자기 공장을 이어가며 숙원이었던 청화 채화彩畵 자기를 완성해냈다. 이후 유럽 전역에 그 기술이 서서히 전파됐는데, 요한이 죽은 뒤에는 크리스토프 콘라트 홍어 Christoph Conrad Hunger(활동기 1717~1748)라는 도공이 1737년 덴마크 코펜하겐에 가서 자기를 만들었다.[10]

18세기 후반 영국의 산업혁명은 유럽의 도자기 생산 규모를 괄목상대할 수준으로 끌어올렸다. 대량 생산된 유럽의 '산업 자기'가 중국의 '도제식 수공 자기'를 능가하게 됐다. 상류층만 향유하던 문화가 많은 사람들에게 보편적인 문화로 퍼지면서 가격은 저렴해지고 품질은 일정하게 유지됐다. 이렇게 산업화와 맞물려 발달한 유럽의 자기는 도자기의 본산지인 중국을 뛰어넘어 청출어람靑出於藍의 위치에 올랐다.

부언하자면, 유럽은 새로운 문물을 탐색하고 수용하면서 대항해 바닷길을 열어 식민지라는 시장을 개척했다. 식민지 시장에서 자본의 힘을 실감한 유럽은 자본과 과학을 결합해 기술과 경제의 변혁인 산업혁명을 일으켰다. 유럽은 산업혁명을 통해 기술과 문화 양면에서 세계의 패권을 쥐게 되었고, 아시아를 대상으로 팽창주의를 펼쳐 서양의 근대 공업 기술을 전파했다. 결국

19세기부터는 아시아에서도 유럽산 도자기를 수입하기 시작했다. 과학기술이 발달한 유럽의 도자기 앞에서 동양의 도자기는 그저 과거의 신비로운 문화에 지나지 않았다.

하지만 확실한 한 가지는 동양의 길상과 불교의 자연미가 담긴 무늬들이 서양 자기에서 더 화려하게 꽃피었다는 사실이다. 비록 산업화 앞에서 무늬에 담긴 심오한 의미는 희미해지고 피상적 도상만 남았지만 개중에는 사람들로 하여금 근본을 묻게 하고 시대정신을 자각하도록 한 문양도 있었다. 동양에서 서양으로 전해진 청화백자 디자인은 고귀하면서도 보편적인 예술성을 일깨워주었다.

3장

현대의 도자기 디자인

코로나19 팬데믹 이후 MZ세대 소비자들은 명품과 더불어 그에 걸맞은 대체품을 즐기는 경향을 보인다. 이러한 대체품을 '듀프dupe라 부르는데, '듀프'는 '듀플리케이션duplication'의 약칭으로 불법 짝퉁(위조품)도 진품도 아닌 유사품이나 복제품을 뜻한다. 제품을 개발하는 디자이너에게는 듀프 선호 현상이 달갑지 않을 수 있겠으나, 듀프는 과도한 명품 브랜드 가치를 어느 정도 조정하는 역할을 하기도 한다.

명품은 엄선된 좋은 재료, 섬세한 제조 기술, 고유하고 세련된 디자인, 고급한 품질, 제조자(브랜드)의 명성, 소유자를 만족시키는 희소성과 높은 가치 등으로 정의된다. 명품 도자기의 경우 특히 생활용품으로서의 실용성과 장식품으로서의 작품성이 얼마나 높은가에 따라 가치가 결정된다. 수십, 수백 년이 넘는 역사와 전통을 지닌 브랜드들은 시대 변화에 따라 소비자의 수요에 부응하면서도 나름의 철학과 디자인을 일관성 있게 제품에 담아내고 있다.

현대의 도자기 제품은 크게 공예품과 기성품, 두 가지로 나뉜다. 공예품은 하나하나 손으로 만들어지는 만큼 생산 수량이 한정적이고 생산자의 미감에 따라 디자인이 좌우된다. 만들어진 후에는 희소성과 작품성 때문에 고가에 판매되고 수집가들로부터 명품 대우를 받기도 한다. 기성품은 일정한 설계에 따라 공장에서 대량 생산되는 만큼 가격이 저렴하며 같은 공장에서 생산되더라도 브랜드의 인지도와 평판에 따라 소비자 선호도가 크게 차이 나기도 한다.

근현대 유럽 도자기 브랜드의 경향과 변천을 살펴보면, 18~19세기 유럽의 브랜드 도자기는 왕실과 귀족을 위해 만들어져

유럽 도자기 브랜드의 변천사

설립 시기	18~19세기	20세기	21세기
수요자	왕실, 귀족	상류층, 대중	대중
사용 목적	장식(과시)	장식 + 실용	실용 + 취향
디자인	화려한 문양과 형태	형태의 단순화	재해석과 복각

특권층만 누리던 사치품이었다. 그래서 그들의 취향이 반영된 디자인이 주를 이루어 형태와 문양이 화려하고 과시적이었다. 20세기, 특히 세계대전 이후에는 대량 생산 기술이 발달하고 브랜드가 다양해지면서 대중화 시대가 열렸다. 장식성보다 실용성에 중점을 두어 디자인이 단순해지고 가격도 낮아졌다. 21세기 들어서는 실용성은 물론이고 대중의 다양한 취향을 함께 충족시키는 제품들이 기존 제품의 재해석과 복각復刻을 기반으로 많이 만들어졌다.

그럼 지금부터 근현대 도자기 역사에서 특색 있는 제품을 생산한 주요 브랜드 몇 개를 소개하고자 한다. 우선 독일의 마이센을 들 수 있다. 마이센은 유럽에서 경질 자기를 최초로 만든 브랜드답게 다양한 문양 컬렉션을 갖추고 있다. 그중 파란 양파 무늬인 츠비벨무스터Zwiebelmuster (= onion pattern, 흔히 '쯔비벨무스터')는 지금도 브랜드를 대표하는 문양으로 여겨진다. 중국에서 다산을 상징하는 석류 문양이 독일에서 양파로 바뀐 것도 재미있

마이센 로고

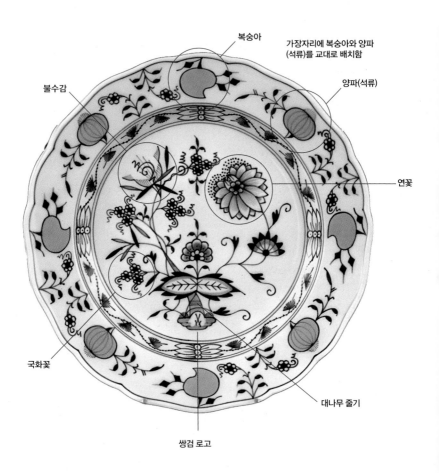

복숭아

가장자리에 복숭아와 양파
(석류)를 교대로 배치함

양파(석류)

불수감

연꽃

국화꽃

대나무 줄기

쌍검 로고

츠비벨무스터 접시의 디자인 구성

다. 석류는 유럽인에게 생소한 과일이라 양파로 오인된 것이다. 모방의 대상이 변형된 경우다. 마이센의 쌍검 로고도 중국 청화백자의 대나무 줄기가 변형된 것이다. 이렇듯 초기 유럽 자기는 동아시아 자기의 문양을 변형해 새로운 상징성을 지닌 디자인을 정립했다.

영국의 도예가 조사이아 웨지우드Josiah Wedgwood(1730~1795)가 잉글랜드 중부 스태퍼드셔 지방의 '에트루리아Etruria' 공방에서 1770년대에 개발한 '재스퍼웨어Jasperware' 컬렉션은 위의 예와 궤를 달리한다. 에트루리아는 기원전 고대 이탈리아 중부에 있었던 도시국가로 공예품이 발달했다. 재스퍼웨어의 문양은 18세기 후반부터 19세기 초까지 서구의 건축, 조각, 회화, 공예 분야에서 나타난 예술 양식인 신고전주의의 영향을 받아 디자인되었다. 그래서 고대 그리스와 로마의 고전 예술을 부활시키고자하는 경향을 따랐으며, 주로 흰색으로 도드라지게 표현되었다. 마치 고대 그리스의 디필론 암포라에 장식된 '파리스의 선택' 장면에서 보이는 그림과 문양이 세련되게 변모한 듯하다.

퀸스웨어Qeensware는 웨지우드가 기존의 크림웨어Creamware를 재스퍼웨어와 다른 양식으로 개량하여 디자인한 제품군이다. 재스퍼웨어의 무늬 가운데 주로 넝쿨 식물만 이용해 깔끔하고 고급스러운 분위기를 연출했다. 당시 영국 왕인 조지 3세의 부인

재스퍼웨어

퀸스웨어

일본에서 생산된 저그jug(위)와 노리타케 접시

샬럿 왕비와 러시아 여왕 예카테리나 2세에게 공급하면서 '퀸스웨어Queen's Ware'라는 상품명을 사용했다.

일본에서는 정유재란 때 끌려온 조선 도공 이삼평李參平(?~1655) 일행이 17세기 초에 사가현 아리타有田의 이즈미산泉山에서 백자 고령토를 발견하여 처음으로 자기를 만들었다. 이삼평 외에도 많은 도공이 잡혀갔고, 이후 일본의 도자기는 급속히 발전하여 유럽으로 대량 수출이 이루어지며 유행을 일으켰다. 1904년에는 서양식 식기 업체 브랜드인 노리타케ノリタケ, 則武가 문을 열었다.

아리타 도자기 중에는 금은채金銀彩 자기와 채색 자기도 있었다. 아시아 특유의 미감을 살린 디자인에 에나멜을 활용한 오돌토돌한 장식이 보석 같은 느낌을 준다. 금장을 두른 유럽 도자기의 디자인이 조금 무겁고 고전적이고 남성적이라면, 아리타 도자기의 장식은 경쾌하고 오밀조밀하고 여성스럽다.

19세기 말 이후에 등장한 브랜드 도자기 중에는 실용성을 강조한 디자인이 많다. 산업화로 인구가 늘고 삶의 질을 높이려는 욕구가 강해지면서 실용성 있는 브랜드 도자기의 수요와 공급이 모두 증가했다. 이를테면, 에스프레소를 담는 작은 데미타세와, 아메리카노를 가득 채울 수 있는 큰 머그의 생산이 모두 늘었다.

북유럽의 낭만이 느껴지는 브랜드 '아라비아 [핀란드]'는 실용적 디자인의 대명사로 꼽힌다. 1873년 스웨덴 도자기 회사 뢰

르스트란드^{Rörstrand}의 자회사로 설립됐다가 1916년에 독립한 이 브랜드는 채색 도자기, 주방용품, 테이블웨어^{tableware}(식탁용 식기류)를 주로 생산하는데, 제품 하나하나가 고유의 스타일과 더불어 탁월한 실용성을 지니고 있다. 냄비나 오븐용 그릇도 보관할 때 몇 겹으로 쌓아올려 저장 공간을 절약할 수 있다. 북유럽 도자기의 디자인은 전반적으로 이와 비슷한 경향을 보인다.

여담이지만, 아라비아가 2016년에 핀란드 공장을 닫고 모든 제품을 타이완과 폴란드에서 생산하는 것처럼 근래에 북유럽 브랜드들이 제품 가격과 수익성을 위해 대부분 생산비가 저렴한 해외에서 제품을 만들어내는 것도 비슷한 추세이다.

20세기 후반 들어서는 도자기 대량 생산 기술이 발달하면서 브랜드 가치와 디자인이 더 중요한 요소로 자리잡았다. 왕실이나 귀족층이 과시용 장식품으로 애용했던 시절과 다른 점은 일반 소비자들이 폭넓게 접근할 수 있는 가격과 실용성을 겸비했다는 것이다.

1837년에 작은 수공업 작업장에서 시작한 에르메스^{Hermes}는 1910년대 중반까지만 해도 주로 고급 안장과 마구馬具 용품을 만들던 회사였다. 로고에 마차와 말, 마부가 등장하는 이유이다. 이후 액세서리와 의류를 비롯한 패션 제품으로 영역을 확장해 왔는데, 1990년대에는 테이블웨어 같은 도자기 제품도 판매하기

1

2

1 에르메스 샹달 반지

2 샹달 블루 머그

시작했다. 비록 도자기업계에서는 후발주자지만 높은 브랜드 인지도와 고유의 디자인을 활용해 명품 도자기 브랜드로 자리잡았다. 이를테면, 닻사슬에서 영감을 얻어 패션 제품에 사용한 문양인 셴 당크르^{Chaîne d'ancre} (=anchor chain, 흔히 '샹달')를 도자기에서도 이용했다. 이는 도자기가 실용적 품질보다 디자인과 브랜드에 의해 선택되는 시대가 열렸음을 보여준다.

1996년에 설립된 아스티에 드 빌라트^{Astier de Villatte} 역시 그러하다. 원래 가구와 세라믹으로 시작한 아스티에 드 빌라트는 다양한 작가들과 협력하며 독창적인 브랜드를 완성해 갔다. 18세기에 이용된 세라믹 제작 기법을 계승하고 있는 것이 특징이며, 최근에는 19세기 프랑스 도자기의 고전미와 고풍스러운 디자인을 활용한 제품들로 각광받고 있다.

밀라노 출신의 디자이너 피에로 포르나세티^{Piero Fornasetti} (1913~1988)가 1940년 자신의 이름을 따 만든 이탈리아 브랜드 피에로 포르나세티 또한 '감각적인 도자기' 하면 빼놓을 수 없다. 초현실주의 미술 양식에서 영감을 받거나, 오페라 가수 리나 카발리에리^{Lina Cavalieri}(1874~1944)에게서 모티브를 얻어 만든 디자인이 많다. 리나의 얼굴이나 토르소를 모사해 만든 도자기 제품들은 예술적이면서 실용적이다. 또한 유머러스하면서 우아하다. 포르나세티 도자기는 평범한 공간에 배치해도 순식간에 분위기

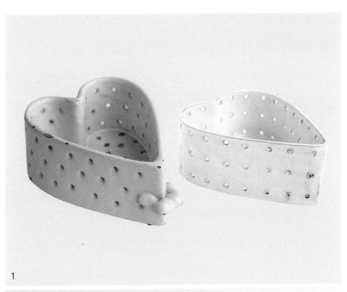

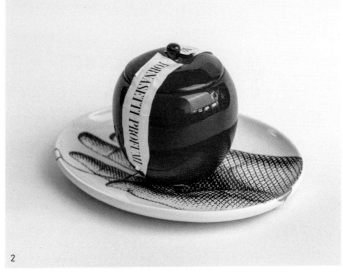

1 19세기 프랑스의 하트 모양 페셸faisselle(치즈 물기 빼는 틀) 도자기(왼쪽)와
아스티에 드 빌라트의 현대식 제품

2 포르나세티 도자기

가 바뀔 만큼 존재감이 강하다.

1964년 생활용품 회사로 설립된 이탈리아 브랜드 셀레티 Seletti도 디자이너, 예술가와 협업하여 파격적이고 창의적인 디자인을 선보여 왔다. 끊임없는 제품 연구를 통해 혁신과 차별화를 거듭해 온 셀레티는 기능성을 중시하면서도 이탈리아의 감성이 배어 있는 신선하고 아이디어가 번뜩이는 도자기 컬렉션을 제공하고 있다.

18세기 후반에 설립된 덴마크 브랜드 로열 코펜하겐Royal Copenhagen은 비록 왕실 도자기로 시작했지만 북유럽 특유의 실용적인 디자인을 발전시켜 왔다. 덴마크의 생활 양식이 극야極夜와 백야白夜라는 극한의 자연 환경 속에서 이루어진 데서 그 이유를 찾을 수 있다. 극야는 극지방이나 그 근방(위도 66.5° 이상)에서 겨울에 하루 종일 해가 뜨지 않아 낮에도 어두운 현상이고, 백야는 여름에 하루 종일 해가 지지 않아 밤에도 밝은 현상이다. 해가 짧고 추운 날이 많다 보니 외부에서의 교류나 활동보다 실내 생활이 길어 편안함과 편리함을 추구하는 인테리어가 발달했다. 자연스럽게 오래 봐도 질리지 않는 미니멀하고 단순한 패턴이 선호되었고, 직접 가구를 만들거나 실내를 장식하는 문화가 보편화됐다. 그래서 로열 코펜하겐의 디자인도 19세기 이전의 여느 도자기들과 달리 무늬와 장식이 최소화되고 보관과 사용이 용이하게 만들어졌다.

아울러 주목할 점은 로열 코펜하겐 블루 플루티드^{blue fluted}의 문양이 마이센에서 유래했으나 독자적 패턴으로 변모했다는 사실이다. 마이센의 양파 패턴인 츠비벨무스터와, 밀집꽃^{strawflower}(국화과 여러해살이풀) 패턴인 슈트로블루멘무스터 ^{Strohblumenmuster}(= strawflower pattern)'를 창의적으로 재해석해 발전시킨 것이다. 마이센은 동양 도자기에서 보이는 풀꽃 무늬와 크락 자기의 구도를 차용했다. 중심부와 주변부의 분할된 창^窓을 보면 쉽게 이해할 수 있다. 요컨대, 청화백자에서 기원한 문양과 북유럽의 단순하면서도 우아한 구성이 만나 로열 코펜하겐의 디자인이 탄생했다고 할 수 있다.

프랑스 혁명 이후 정권을 잡은 나폴레옹의 패권 확장에 맞서 영국이 해상봉쇄를 하자 프랑스 편에 섰던 유럽 국가들은 무역에 타격을 입었다. 덴마크도 그중 하나였다. 그래서 러시아, 스웨덴 등과 함께 동맹을 결성하자 영국이 선제 공격에 나섰다. 1801년 4월 기습적인 코펜하겐 해전에서 허레이쇼 넬슨 (1758~1805) 부제독은 하이드 파커(1739~1807) 제독의 퇴각 명령을 모른 척하고 계속 싸워 전투를 승리로 이끌었다. 당시 기혼남이었던 넬슨은 역시 기혼녀인 엠마 해밀턴을 열렬히 사랑하여 혼외 자식까지 두었는데, 해밀턴을 위한 선물로 로열 코펜하겐을

로열 코펜하겐 블루 플루티드 더블 레이스 접시

구입하기 위해 1년 동안 16명의 하녀를 부릴 수 있는 돈을 썼다. 그래서 덴마크는 전투에서는 졌지만 도자기 경쟁에서 이겼다고 한다. 당시 영국에는 웨지우드를 비롯해, 심지어 '로열'이라는 명칭이 붙은 도자기 회사들도 있었다.

놀랍게도 우리나라는 세계 3대 '로열 코펜하겐 소비국' 중 하나이다. 우리나라에서 로열 코펜하겐의 매출은 꾸준히 증가해 왔다. 이에 화답하기라도 하듯, 우리나라의 식문화를 반영한 제품 컬렉션이 출시되기도 했다.

2부

문명의 교류에서 탄생한
도자기

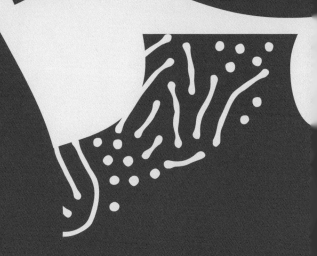

4장

로열 코펜하겐

18세기 유럽에서 중국 청화백자의 인기는 정점에 달했다. 당시 영국, 프랑스, 독일을 비롯한 많은 나라의 왕실과 귀족이 청화백자를 만들 도자기 재료 확보와 제작 기술 개발에 혈안이 돼 있었다. 말하자면 오늘날의 AI 반도체나 신약 개발에 비견될 정도였다. 덴마크에서도 그런 열기가 있었다. 1730년대부터 여러 도공들이 도자기 제작을 시도했고 왕실에 납품할 정도의 양품을 만들어내기도 했다. 그러다 1772년에 화학자 프란츠 하인리히 뮐러Frantz Heinrich Müller(재직 1775~1801)가 실력 있는 페인터painter(도자기 화가)들을 고용해 테이블웨어와 꽃병으로 쓰일 경질 자기를 생산해냈다. 세 가닥 푸른 물결 마크를 만들어 사용했고

덴마크 화가 비길리우스 에릭센(1722~1782)이 그린
율리아네 마리 왕비, 1776년, 덴마크 국립미술관

왕실에 납품도 했지만 상업적으로 성공하지는 못했다. 그런데 구원 투수가 나타났다.

첫째 부인을 잃은 프레데리크 5세(재위 1746~1766)의 새 왕비가 된 율리아네 마리Juliane Marie(1729~1796)는 평소 도자기에 관심이 많았다. 주색을 탐했던 남편이 죽고 나서 왕세자인 의붓아들 크리스티안 7세가 왕위에 올랐지만 정신질환을 앓아 정상적인 통치를 하지 못하고 폭정을 일삼았다. 이에 1772년 왕대비인 율리아네 마리는 친아들 프레데리크(1753~1805)와 함께 쿠데타를 일으켜 섭정을 시작했다(섭정 1772~1784).

노르웨이와 덴마크의 통치권을 손에 쥔 율리아네 마리는 1775년에 프란츠 하인리히 뮐러에게 50년간 도자기 제조 독점권을 부여하며 로열 코펜하겐을 설립하도록 했다. 하지만 여전히 판매 실적이 부진해 재고가 쌓이면서 로열 코펜하겐의 자금 사정이 악화됐다. 그러자 1779년 율리아네 마리는 로열 코펜하겐을 인수해 재정 지원을 하면서 덴마크 왕립 도자기 회사Den Kongelige Porcelænsfabrik로 바꾸었다.

이 회사에서 뮐러는 중국 도자기에 필적할 청화백자를 제작하려고 노력했다. 노르웨이의 도자기 수집가 겸 연구자인 레우리츠 도렌펠트Lauritz G. Dorenfeldt에 따르면[11] 처음에 로열 코펜하겐은 지금과 같은 백색 도자기를 만들지 못했다. 1775년부터

1793년까지는 회색 백자를 만들다가 1794년부터 1812년까지 프랑스에서 고령토를 공급받아 백색 도자기를 만들었다. 그러나 프랑스 혁명으로 고령토 확보가 어려워지자 1812년 회색 백자로 돌아갔고, 다행히 1815년부터 다시 백색 도자기를 생산할 수 있게 되었다.

로열 코펜하겐은 백자에 푸른색을 입히는 안료인 코발트를 비교적 쉽게 구할 수 있었다. 중국은 청화백자 안료인 코발트를 대부분 페르시아 지역에서 기나긴 실크로드를 거쳐 수입했는데, 로열 코펜하겐은 당시 덴마크에 속한 노르웨이의 스쿠테루 Skuterud 산에서 코발트 광석을 채굴했다. 그래서 1,400도의 고온을 견디는 푸른색 광물 덕분에 블루 플루티드 도자기를 만들어낼 수 있었다. 로열 코펜하겐은 1777년부터 회색 백자에서도 선명한 푸른빛을 표현해냈다. 코발트 블루cobalt blue라는 단어가 처음 영어에 나타난 해도 공교롭게 1777년이다. 중국 자기의 푸른빛을 내는 미지의 금속 물질이 코발트라는 것을 스웨덴 화학자 게오르그 브란트Georg Brandt(1694~1768)가 처음 밝혀낸 것은 1735년이다.

블루 플루티드blue fluted는 원래 덴마크어로 무셀말레트mussel-malet, 즉 '홍합처럼 그려진'이라는 뜻이다. 북대서양과 유럽의 연안에 서식하는 파란홍합blue mussel의 푸른색과 껍데기 질감에서 유래한 말이다. 홍합 껍데기에는 마치 물결 무늬 같은 가늘고 얕은 골이 수없이 나 있다[fluted]. 파란홍합의 색[mussel blue]은 곧 청화靑華를 의미하고, 청화는 코발트로 표현됐다.

청화 발색은 수집가들에게 현재까지도 수집의 기준이 되곤 한다. 로열 코펜하겐의 청화 발색은 안료의 성분과 품질, 그리고 기존 언더글레이즈[underglaze](도자기에 장식 그림을 먼저 그리고 유약을 바른 다음 굽는 방식) 기법을 개선한 덴마크 출신의 건축가 겸 도예가 아르놀 크로그[Arnold Emil Krog](재직 1885~1916)에 의해 최고 수준으로 구현되었다. 그는 1885년 로열 코펜하겐 아트 디렉터[Art Director]가 된 후 자연과 동양 도자기에서 영감을 얻어 문양과 형상을 북유럽식으로 재해석했다. 그가 새로운 언더글레이즈 기법과 디자인을 적용해 만든 도자기는 1889년 파리 만국박람회에서 그랑프리를 수상하며 국제적으로 큰 주목을 받았다. 그는 도자기 생산에 있어 기술, 예술, 시스템을 모두 혁신하여 20세기 초 덴마크의 '도자기 황금기'를 이끈 중심인물이 되었다.

율리아네 마리는 로열 코펜하겐을 설립하면서 왕실을 상징하는 왕관 형상과 발트해를 상징하는 푸른 물결 무늬가 결합된 로고를 채택했다. 그중 물결 무늬는 덴마크의 주요 해협을 의미한다. 발트해에서 가장 큰 섬이면서 덴마크의 수도 코펜하겐이 있는 셸란[Sjælland]은 세 번째로 큰 섬인 핀[Fyn] 섬과, 그리고 그 너머로

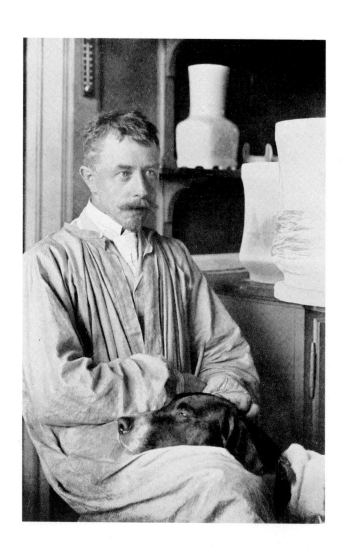

아르놀 크로그

아르놀 크로그가 디자인한 1897년 스톡홀름 박람회 기념 접시

독일과 국경을 맞대고 있는 윌란(유틀란트)반도와 다리로 이어져 있다. 셸란과 핀은 스토레벨트Storebælt 다리로, 핀과 윌란반도는 릴레벨트Lillebælt 다리로, 셸란과 스웨덴 항구 도시 말뫼Malmö는 외레순Öresund 다리로 연결되어 있다. 이 3개의 다리가 있는 해협 이 로열 코펜하겐 로고 속 물결 무늬가 되었다.

세 물결만 있는 장식용 기념 접시는 아르놀 크로그가 디자인한 것으로 1897년 스웨덴 스톡홀름에서 열린 종합예술산업박람회에 출품하기 위해 100개만 제작되었다. 이 접시는 스웨덴 왕의 왕관이 푸른색으로 그려진 접시와 함께 전시되었다. 두 나라의 우호를 기리면서 로열 코펜하겐을 덴마크의 상징을 드러내기 위한 것으로 보인다.

유럽에서 청화백자를 만들기 시작하면서 도자기의 문양이 중

1 베트남 남부 까마우 인근 난파선에서 발굴된 18세기 초 중국 청화백자

2 독일 마이센 컵과 받침, 1750년경

3 18세기 독일 림바흐 도자기 회사의 컵과 받침

4 벨기에 투르네 도자기 회사의 컵과 받침, 1750년경

5 스위스 취리히 도자기 회사의 컵과 받침, 1775년경

6 로열 코펜하겐 블루 플루티드 덴마크 왕관 문양 컵과 받침

국풍에서 유럽풍으로 바뀌었다. 꽃과 나비 등 자연을 묘사한 문양은 한층 단순화되었는데, 당시 특화된 도제식으로 대량 생산하기 위한 방편이었을 것이다. 1780년대에 주문 제작된 '덴마크 왕관 문양 컵과 받침'에 그려진 그림은 블루 플루티드의 초기 문양으로 보인다. 비록 중국식 문양이 가장자리에 남아 있지만 블루 플루티드의 특징적 요소인 슈트로블루멘무스터와 왕관 로고가 보인다. 왕관 밑에는 율리아네 마리를 의미하는 머리글자 JM이 있다.

블루 플루티드는 레이스^{lace} 장식 무늬의 유무와 표현 방식에 따라 오른쪽 도표와 같이 구분된다. 주목할 점은 가장자리에 레이스 장식 무늬가 없는 플레인^{plain}이 기본이라는 것이다. 플레인에 레이스 장식이 2차원 평면 그림으로 더해지면 하프 레이스$^{half\ lace}$가 되고, 3차원 입체 형상으로까지 표현되면 풀 레이스$^{full\ lace}$가 된다. 하프 레이스 디자인에 투각透刻(재료를 따내거나 뚫어서 표현하는 조각 기법)을 적용하거나 반죽 자체로 레이스를 빚으면 입체적인 풀 레이스가 되는 것이다. 더블 레이스$^{double\ lace}$는 하프 레이스에 풀 레이스가 더해져 문양과 형태 면에서 장식적 요소가 가장 많이 표현된다.

모든 블루 플루티드 컬렉션은 플레인을 기본으로 하므로, 플레인과 더블 레이스를 같이 사용해도 위화감이 없다. 오히려 다

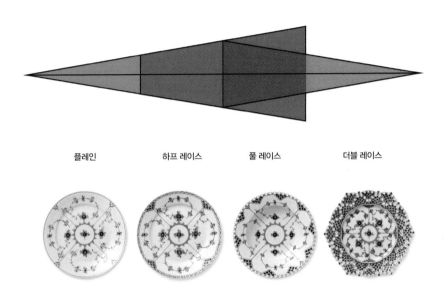

플레인　　　　　하프 레이스　　　　　풀 레이스　　　　　더블 레이스

레이스 장식 무늬의 유무와 표현 방식에 따른 제품 구분

채로우면서 조화로운 테이블 세팅이 가능하다. 장식의 소박함과 화려함이 섞여 있어도 기본 디자인의 통일성 덕분에 누구나 안정적인 연출을 할 수 있다. 위의 네 가지는 로열 코펜하겐을 대표하는 도자기 장식 디자인이며, 여기에서 많은 컬렉션이 파생되었다.

로열 코펜하겐의 주요 컬렉션이 출시된 순서와 각 컬렉션의 기본 디자인을 살펴보면[12] 로열 코펜하겐이 다양한 변화를 시도하면서 디자인 정체성을 얼마나 잘 지켜왔는지 알 수 있다.

주요 컬렉션 중 가장 파격적이라 할 수 있는 것을 하나 소개하자면 '하브' 컬렉션을 들 수 있다. 하브^{HAV}는 덴마크어로 '바다'를 의미한다. 이 컬렉션은 안료를 손으로 분사하여 표현하는 부드러운 계조階調(그러데이션^{gradation})를 특징으로 한다. 로열 코펜하겐을 상징하는 푸른색으로 신비롭고 우아한 바다 분위기를 연출했다. 2019년에 출시됐으며, 플레인의 기본 문양 없이 색상만으로 로열 코펜하겐의 정체성을 드러내고 있다. 기존의 가늘고 기다란 골^{flute} 패턴 대신 물고기 비늘 패턴으로 바탕의 입체적 문양을 표현하고 있다. 1853년 창립되었다가 1987년 로열 코펜하겐에 인수된 덴마크 브랜드 빙앤그뢴달$^{Bing\&Grøndahl}$에서 1895년에 생산된 시걸^{Seagull} 컬렉션의 배경 문양을 연상시키기도 한다.

하브 양식으로 디자인된 컵과 접시, 용 피겨린figurine(장식용 작은 조각상)

5장

모방에서 창조된 디자인

『구약성경』 중 「코헬렛(전도서)」 1장 9~10절은 이렇게 전한다. "있던 것은 다시 있을 것이고 이루어진 것은 다시 이루어질 것이니 태양 아래 새로운 것이란 없다. '이걸 보아라, 새로운 것이다.' 사람들이 이렇게 말하는 것이 있더라도 그것은 우리 이전 옛 시대에 이미 있던 것이다."

제품 디자인과 건축 디자인도 마찬가지다. 한 디자이너가 기발한 아이디어를 생각해내면 수많은 디자이너가 그에 대한 모방을 바탕으로 새로운 아이디어를 낸다. 창조는 모방에서 비롯된다.

현대에는 특허, 실용신안, 상표, 디자인, 저작권 등을 비롯한 지식재산권이 폭넓게 보호되고 있어 함부로 모방할 수가 없다.

그렇다 보니 요즘 작가들은 패러디(문학, 음악 등의 작품에 다른 사람이 먼저 만들어 놓은 어떤 특징적인 부분을 모방해서 자신의 작품에 집어넣는 기법), 공정 이용$^{fair use}$(저작권으로 보호되는 저작물을 저작권자의 허가를 구하지 않고 학술이나 평론 등에 제한적으로 이용할 수 있도록 허용하는 미국 저작권법상의 개념), 오마주(존경하는 창작자의 업적이나 재능에 경의를 표하면서 그의 작품이나 스타일을 따라 하거나 일부를 원용하는 창작 방식) 등의 형식을 빌려 인용이나 모방을 하면서 자신이 영감을 받은 원작과 원작자를 밝힌다.

16세기 초에 그려진 레오나르드 다빈치(1452~1519)의 「모나리자」는 피렌체의 부유한 옷감 장수 프란치스코 델 조콘도 $^{Francesdo del Giocondo}$의 부인 리사 게라르디니$^{Lisa Gheradini}$의 초상화로 알려져 있다. 1978년 콜롬비아 화가 페르난도 보테로$^{Fernando Botero Angulo}$(1932~2023)는 모두가 아는 모나리자를 뚱뚱하게 그렸다. 다빈치의 「모나리자」에 남미 특유의 따뜻한 정서와 유머 감각을 가미했다. 다빈치의 모나리자가 기품이 넘치는 모습이라면 보테로의 모나리자에서는 귀여운 소녀 같은 친근함이 느껴져서 보고 있으면 미소가 저절로 지어진다. 보테로는 뚱뚱한 모나리자를 그린 것이 아니라고 항변했다. 그저 빈 공간을 가득 채우고 싶었을 뿐이라고. 이 또한 관점의 차이이다. 이런 창작 방식을 '패러디'라고 한다.

1 레오나르도 다빈치의 「모나리자」

2 페르난도 보테로의 「모나리자」(1978)

우리나라 도자기에서도 동경 대상을 모방한 사례를 찾아볼
수 있다.

'청자 양각 도철 무늬 사각 향로'는 고려시대에 만들어진 도자
기다. 국립중앙박물관은 이 향로를 고대 중국 청동기를 본뜬 향
로로 소개하고 있다. 기원전 11세기 이전에 만들어진 것으로 추
정되는 상나라 시대 '청동 사각 솥 靑銅方鼎'과 기본 구조가 같지만,
원작을 모방하여 다른 재료로, 다른 방식으로, 다른 용도의 도자
기를 만들어냈다.

고려 청자는 중국 청자를 모방했지만 그에 비견하는 비색을
표현해냈다. 첨단 기술이 발달한 지금조차도 도예가들은 고려
청자의 제조법을 완벽하게 재현해내지 못하고 있다.

호림박물관에서 15세기 조선시대 '분청사기 상감 연판 무늬
뚜껑'을 처음 보았을 때 연판 무늬(펼쳐 놓은 연꽃잎 모양 무늬) 뚜껑
의 손잡이가 친근하게 느껴졌다. 기시감 때문이었을까. 솔방울
모양 같기도 하고 버섯 모양 같기도 한 손잡이에서 눈을 뗄 수 없
었다. '분청사기 상감 연판 무늬 뚜껑'은 어떤 작품의, 어떤 요소
를 오마주했을까?

로열 코펜하겐에 익숙한 사람의 눈에는, '분청사기 상감 연판
무늬 뚜껑'의 손잡이가 로열 코펜하겐 블루 플루티드 풀 레이스
튜린 위드 리드 tureen with lid(뚜껑 있는 그릇=유개합) 제품(620번)의

1 상나라 청동 사각 솥(방정), 메트로폴리탄미술관

2 고려 청자 양각 도철 무늬 사각 향로, 국립중앙박물관

3 분청사기 상감 연판 무늬 뚜껑, 호림박물관

4 블루 플루티드 풀 레이스 튜린 위드 리드

손잡이와 매우 유사해 보인다. 기록에 따르면 로열 코펜하겐의 뚜껑 손잡이는 버섯 모양에서 유래했다(로열 코펜하겐 웹사이트에서는 달팽이 껍데기snail shell 모양이라고 설명한다). '분청사기 상감 연판문 뚜껑'의 모양은 보편적인 디자인이었던 것이다. 동서고금을 막론하고 자연에서 영감을 얻은 디자인만큼 훌륭한 것은 없다. 자연에 대한 오마주는 특허나 저작권을 신경쓸 필요가 없어 무료로 누구나 마음대로 할 수 있을 뿐만 아니라, 가장 보편적인 아름다움을 널리 공감시킬 수 있다.

로열 코펜하겐도 모방을 통해 창조를 이루어냈다. 로열 코펜하겐 블루 플루티드의 문양이 독일 마이센 도자기의 문양에서 유래했고 그 문양이 덴마크 왕실 도자기를 대표하는 디자인으로 굳어졌다. 마이센으로서는 눈뜨고 '오리지널리티originality'를 도둑맞은 셈이지만 그들도 이미 중국 청화백자를 도용한 것이므로 할 말은 없다. 저작권 개념이 없던 시절이었다. 그런데 로열 코펜하겐은 꾸준히 하나의 스타일을 지키며 발전시켰다. 이에 반해 마이센은 워낙 다양한 스타일을 만들어내서 대표적인 디자인을 골라내기가 어려울 정도다.

요컨대, 로열 코펜하겐은 중국 청화백자에서 유래한 마이센 슈트로블루멘무스터 패턴을 오마주한 것으로 볼 수 있다.

마이센 블루 플루티드 풀 레이스 접시와 로열 코펜하겐 블루

1 마이센 블루 플루티드 풀 레이스, KAD

2 로열 코펜하겐 블루 플루티드 풀 레이스, 1780년대, 스미스소니언미술관

플루티드 풀 레이스 접시의 형태와 문양을 비교해 보면 매우 흡사하다는 것을 알 수 있다. 거의 복제품이라고 할 만하다. 도자기에 관심이 지대했던 덴마크 왕실의 눈에 마이센 도자기는 선망의 대상이었을 것이다. 하지만 로열 코펜하겐은 마이센을 따라잡고 넘어서기 위해 독자적인 제조법과 고유한 디자인을 발전시켜 나갔다.

처음부터 로열 코펜하겐 제품이 유럽에서 큰 호응을 얻은 것은 아니다. 프랑스 혁명(1789~1794)이 일어나고 덴마크가 전제군주제에서 입헌군주제로 전환(1849)되면서 왕실과 귀족의 전유물이 하나둘 풀려났다. 왕실 기업들이 민영화되면서 1868년에 '왕실royal' 명칭을 유지한 채 민간 기업이 된 로열 코펜하겐은 1883년 덴마크 자기 회사 알루미니아Aluminia에 인수됐다. 그러고 나서 1885년에 서른도 안 된 건축가 아르놀 크로그가 아트 디렉터로 영입되면서 당시의 단색 자기 유행에 발맞추어 블루 플루티드 패턴의 혁신이 이루어졌다. 그는 1885년에 블루 플루티드 풀 레이스를, 1888년에 하프 레이스와 화이트 플루티드 풀 레이스를 개발했다. 아울러 언더글레이즈 기법을 개량한 기술로 만들어낸 제품으로 로열 코펜하겐의 이름을 유럽 전역에 알렸다. 그럼으로써 중국을 모방한 마이센을 모방했지만 마이센을 능가했다.

아르놀 크로그는 원래 공간을 창조하는 사람, 즉 건축가였던 덕분인지 도자기 디자인의 평면성과 입체성 모두에서 뛰어난 예술 감각을 발휘했다. 유럽에서는 건축을 전공할 때 건축물 복원에 대해 먼저 배운다. 유럽의 오래된 건축물을 유지하려면 복원에 필요한 지식과 기술이 있어야 하기 때문이다. 복원은 모방과 개선을 통해 창조로 이어지는 기초가 되기도 한다. 아르놀 크로그는 모방과 개선이 필요한 리디자인redesign(기능이나 미적 가치, 재료나 형태 변경에 따라 기존 디자인을 고쳐서 새롭게 함)에 탁월한 재능과 열정을 지니고 있었다.

디자인을 중심으로 기업을 경영해 상품 경쟁력과 브랜드 가치를 높이는 것을 '디자인 경영'이라고 하는데, '디자인 경영' 개념이 없던 시대에 아르놀 크로그는 선구적인 혁신을 이루었다.

로열 코펜하겐을 수집하다 보면 신기함을 넘어 진귀함이 느껴질 정도로 흥미로운 모양들을 만나게 된다. 본래 도자기 전공자도 아니고, 그저 로열 코펜하겐 블루 플루티드가 좋아서 수집을 시작한 것이라, 새로운 형태를 만날 때마다 무한한 창조의 세계가 펼쳐지는 듯한 경이로움을 느낀다.

어느 날 스마트폰 중고 거래 앱에서 조금 당황스러운 판매 글을 보았다.

"술병을 팝니다."

어느 브랜드의 제품인지 기억나지 않지만, 분명히 술병은 아니었다. 흔히 유럽에서 '커피포트coffeepot'라고 부르는 도자기를 술병으로 팔려고 내놓은 것이었다. 우리나라 박물관에 전시된 커피포트 형태의 도자기는 대부분 주자注子(술이나 물 따위를 담았다가 따르는 주전자)이다.

중국에서는 기원전 고대부터 차 문화가 발달했으며, 그것이 우리나라에는 삼국시대에, 일본에는 헤이안시대에 전파된 것으로 추정된다. 반면 서구에서는 커피가 먼저 아프리카 에티오피아에서 중동을 거쳐 16세기에 전파되어 널리 향유되었고, 차는 16세기에 처음 알려져 전해지다가 대영제국의 식민지 지배가 이루어진 이후에 발효차인 홍차를 중심으로 17~18세기에 인기를 끌어 커피보다 더 사랑받게 됐다.

그런 시대에 로열 코펜하겐에서도 당연히 차관과 찻종을 비롯한 티웨어teaware(다기)를 만들어냈다. 주병은 만들지 않았다. 로열 코펜하겐에서는 커피포트, 초콜릿 포트chocolate pot, 티포트teapot로 포트(주전자)의 용도를 구분한다.

고려 '청자 구룡 모양 정병'을 보면 비록 구조는 다르지만 로열 코펜하겐 커피포트의 느낌이 난다. 정병淨瓶(일명 '감로병')은 불교 의식에서 깨끗한 물, 즉 정수淨水(일명 '감로수')를 담는 데 사용

1 로열 코펜하겐 블루 플루티드 풀 레이스 커피포트

2 고려 청자 구룡 모양 정병, 일본 야마토문화관

하는 도자기이다.

로열 코펜하겐 블루 플루티드 풀 레이스 커피포트(1030번)는 에스프레소를 담아 마시는 주전자이다. 근대 유럽에서는 커피가 고급 음료여서 고급 도자기에 담아 마시곤 했다. 12세기 고려의 경건한 종교 의식에서는 깨끗한 물을 공양하는 데 아름다운 정병을 이용했다. 관세음보살이 정병을 들고 감로수를 나눠줌으로써 중생의 고통을 덜어준다는 의미가 담겨 있다.

우리나라에서 차 문화가 가장 발달한 시기는 고려시대라고 할 수 있다. 고려인들은 국가 행사나 불교 의식에서 청자에 차를 우려 다례茶禮를 지냈다. 다례를 주관하는 기관인 다방茶房이 있었고, 차를 마시며 담소를 나누는 다점茶店도 있었다. 다례와 같은 한자를 쓰는 차례茶禮는 오늘날 명절에 술을 올리는 제사로 굳어졌지만, 지금도 불교에서는 추모 의식을 다례 또는 다례제로 일컫고 있다.

로열 코펜하겐 블루 플루티드 풀 레이스 커피포트 손잡이에는 얼굴 모양이 장식되어 있다. 이것은 건축에서 그로테스크grotesque 라고 불리는 장식 조각의 한 형태이다. 고려 '청자 구룡 모양 정병'에는 아홉 마리 용의 머리가 장식되어 있다. 용이 아홉 마리인 이유는 동아시아에서 '9'가 가장 높은 수였기 때문이다. 9보다 큰 수는 왕이나 하늘의 몫이었다. 아홉 마리 용이 있는 정병에는

블루 플루티드 풀 레이스 커피포트(1030번)

가장 큰 정성과 헌신이 담겼고 그 자체가 권능의 상징이었다.

로열 코펜하겐 커피포트에 장식된 얼굴에는 '청자 구룡 모양 정병'의 용머리와 상통하는 면이 있어 보인다. 고귀함이나 존엄^尊^嚴, 수호^{守護}의 의미에서 볼 때 신화 속 존재나 통치자의 얼굴을 형상화한 것으로 여겨진다.

그런데 이 커피포트 얼굴 장식을 보고 있으면 블루 플루티드 기본 디자인에 가미된 이 요소가 어디서 유래한 것인지 궁금해진다.

사진을 순서대로 보면 모방과 변화의 과정을 어느 정도 가늠할 수 있다. 실제로 이 과정대로 거쳤다고 확언할 수 없지만 마이센에서 중국 박고문 청화백자를 모방하면서 유럽적인 요소로 그로테스크 장식을 추가한 것으로 보인다. 그 과정에서 중국 청화백자 주전자의 주둥이 끝에 보이는 가고일^{gargoyle} 장식 형태를 그대로 유지했다. 이 스타일이 유럽식으로 세련되게 다듬어져 기름병과 식초병까지 이어졌고, 이것을 로열 코펜하겐이 모방한 것으로 보인다.

고려 청자의 전성기인 12세기경에 만들어진 국보 제61호 '청자 어룡 모양 주자'는 주전자 주둥이가 바다에 사는 용, 즉 어룡의 머리로 장식되어 있다. 이 어룡의 입에 구멍이 뚫여 있어 술을 따를 수 있다. 이런 형태를 서양 건축에서 '가고일'이라 부른다.

1 고려 청자 어룡 모양 주자, 국립중앙박물관

2 중국 박고문 청화백자, 17세기경

3 독일 마이센 청화백자 기름병, 1730년대, 스미스소니언미술관

4 독일 마이센 청화백자 기름병(왼쪽)과 식초병, 1785

가고일은 지붕에 내린 빗물이 벽을 타고 내려가지 않게 모아서 배출하는 빗물받이에 달린 우수배수구^{waterspout} 장식을 의미한다. 그래서 빗물이 배출되도록 입을 벌린 형태이거나 입 안에 관이 박혀 있다. 고대부터 동물 모양의 우수배수구가 많이 이용되긴 했지만, 가고일이라 불리는 다양한 형태가 집중적으로 만들어진 것은 중세 고딕 양식의 건축물에서였다. 어원을 찾아보면 가고일은 '목구멍'을 의미한다.

반면에 '그로테스크'는 빗물 배출과 상관없이 지붕이나 벽에 달린 장식용 조각이다. 그래서 빗물이 배출되도록 만들어놓은 구멍이나 물길이 없다.

로열 코펜하겐 도자기에서는 대체로 잔이나 주전자의 손잡이, 주둥이 기저부에 조각되어 있는 형태라서 그로테스크가 많다고 할 수 있다. 중국이나 마이센의 청화백자를 모방한 초기 제품 중에는 주둥이 끝에 가고일이 있는 주전자도 있다. 그런데 대개는 가고일과 그로테스크를 잘 구분하지 못해서 뭉뚱그려 가고일이라고 부르는 경우가 많다. 로열 코펜하겐의 제품 설명에 그로테스크라고 나와 있지만, 문양이 그려진 주전자 주둥이를 뿔이나 머리의 일부로 상상하면 가고일이라고 할 수도 있다. 실제로 가고일 중에는 눈이나 코, 생식기, 뒤통수, 정수리, 이마, 거꾸로 든 물동이, 불고 있는 나팔 등으로 빗물이 배출되도록 만들어

덴마크 코펜하겐 '성 알반St. Alban 교회'의 가고일

진 형태도 있다.

학계에서는 가고일을 단순히 그로테스크의 일종으로 보기도 한다. 캐나다 국회의사당 하원 큐레이터이자 비교문화학 전문가인 조하나 미즈갈라^{Johanna Mizgala}는 "가고일은 우수배출구이다. 가고일은 건물에서 돌출되어 있으며 열린 입은 배수구 기능을 한다. 중세 조각가들은 그것을 공상적이고 신화적인 생물로 조각했다. 모든 그로테스크가 가고일은 아니지만, 모든 가고일은 그로테스크이다. 그로테스크는 스토리텔링 역할을 했다. 당시에는 평균 수명이 짧고 질병이 만연했으며 세상에 어둠이 가득했다. 조각된 무서운 형상들을 보면서 오늘날 공포영화를 보듯 한 번씩 무서워하며 지나갔다. 또한 쫓아내야만 했던 것들을 돌로 만들어 정복하고 방어하고자 했다."

가톨릭에서 가고일이나 그로테스크는 악마의 형상으로 불리기도 하고 액막이 존재로 여겨지기도 했는데, 특정인의 얼굴을 닮은 가고일이나 그로테스크를 만들어 기념하기도 했으므로 길상^{吉祥}으로 받아들였다고 보아도 무방할 것이다. 로열 코펜하겐에서도 기념용 도자기에 특별히 누군가를 닮은 그로테스크 장식을 만들었을 법하다. 그로테스크가 있는 여러 제품을 살펴보면 사람을 닮은 형상들이 모델별로 서로 조금씩 다르다.

가고일이나 그로테스크의 형상으로는 사람, 악마나 요정, 서양 용, 사자를 비롯한 각종 동물 등이 있는데, 로열 코펜하겐 도자기에서는 사람, 사자, 서양 용, 박쥐 등의 모습이 보인다. 우리나라 옛 건축물에서는 용이나 이무기를 새긴 석루조石漏槽, 서수瑞獸(상서로운 짐승) 머리 모양으로 만든 석루두石漏頭, 이무기 머리 모양인 이무깃돌 따위가 가고일과 같은 역할을 했다.

앞의 풀 레이스 커피포트(1030번)의 예와 마찬가지로, 18세기에 동서양에서 만들어진 티포트를 살펴보면 동양이 서양에, 그리고 서양이 그 안에서 서로에게 얼마나 영향을 미쳤는지 알 수 있다. 물론 수많은 디자인 중에서 선별된 것이긴 하지만 우연이라고 하기엔 동시대의 도자기들로서 유사한 면이 너무 많다. 놀랍게도 독일 북동부의 도자기 회사 퓌르스텐베르크의 티포트가 로열 코펜하겐의 티포트처럼 보인다.

거의 같은 모양에 같은 용도를 지닌 동서양 도자기의 예는 많다. '타호唾壺, spittoon'도 그중 하나다. 타호는 침이나 가래를 뱉는 그릇이다. 동양 상류층에서는 필수적인 생활 도자기로, 차를 마실 때 차 찌꺼기를 버리는 용도로 사용되기도 했다. 1780년에 제작된 로열 코펜하겐 타호를 처음 보았을 때 매우 놀랐다. 그 자태가 너무 고와서 타호일 줄 상상도 못했다. 고려 청자 타호에는 손잡이가 없다. 고려시대에 만들어진 잔 형태의 도자기 중에는 고리 모양의 손잡이가 달린 것이 없다. 고리 모양 손잡이가 달린 잔

1 중국 청화백자 찻주전자

2 독일 마이센 티포트

3 독일 퓌르스텐베르크 티포트

4 덴마크 로열 코펜하겐 티포트

5 중국 청나라 타호, 18세기

6 로열 코펜하겐 타호, 1780년

7 고려 청자 음각 모란 넝쿨 무늬 타호, 국립중앙박물관

은 17~18세기 중국과 일본에서 만들어져 유럽으로 수출된 도자기다.

뚜껑 있는 밥그릇처럼 생긴 로열 코펜하겐 블루 플루티드 플레인 313번 제품의 용도는 과연 뭘까? 놀랍게도 장신구 합盒, trinket box이며 19세기에 만들어졌다. 어찌 보면 화장용 분을 담는 그릇인 고려 '청자 상감 국화 무늬 합'과 비슷하게 생겨서 용도를 유추할 수 있었을 법도 하다. 중국 청화백자 장신구 합과 달리 뚜껑보다 그릇의 크기가 커서 실용성과 안정감에 중점을 두었음을 알 수 있다.

1 로열 코펜하겐 블루 플루티드 트링킷 박스

2 중국 청나라 장신구 합, 18세기

3 고려 청자 상감 국화 무늬 합, 국립중앙박물관

6장

오래될수록 오래 사랑받는 도자기

예로부터 금은 눈부신 노란 광택을 발하면서 산화하거나 부식되지 않는 성질을 지녀 끊임없이 사람들의 욕망을 자극한 귀금속이자 희소성 높은 안전자산이었다. 그래서 지역과 시대를 막론하고 귀한 대접을 받았고 권력과 지위, 명예와 부, 신뢰와 약속 따위를 나타내는 수많은 상징물에 이용되었다. 고급 음식 재료로 사용되거나 고급 화장품에 첨가되기도 한다.

17~18세기 유럽에서는 하얀 도자기(청화백자)가 '하얀 금^{white gold}'으로 불렸다(영어에서 금과 다른 백색 금속을 섞은 합금도 white gold라고 불리며, 우리말 '백금'에 해당하는 금속 플래티나^{platina}도 과거에 white gold라고 불리다가 지금은 플래티넘^{platinum}으로 일컬어진다). 청화

백자는 금만큼이나 눈부신 광택과 불변의 가치를 지녀서 하얀 금이라는 수식어가 전혀 어색하지 않았다. 그만큼 소유욕을 자극했고 누구나 갖고 싶어하는 최고의 귀중품이 되었다. 그러니 수요에 비해 공급이 턱없이 부족했다. 대항해 시대 항로를 통해 대량의 중국 청화백자가 유럽으로 수출됐지만 유럽 왕실과 귀족의 열망을 충족시키기에는 어림도 없었다. 그래서 금의 몇 배 가격에 거래되기도 하고 심지어 군대와 맞바꾼 경우도 있었다. 앞에서 언급했듯이 유럽의 유명한 궁전에는 청화백자가 가득했고, 그것은 권력과 부를 상징했다.

유럽에서 청화백자는 상류층만 소유할 수 있었던 외국산 명품이었을 뿐 아니라 간접적으로 신분을 나타내는 장식품이기도 했다. 그들은 동양이나 식민지에서 들여온 향신료, 커피, 차 등을 청화백자 같은 고급 도자기에 담아 즐기며 과시했다.

타인이 가진 명품을 갖고자 하는 소유욕은 제품에 대한 환상을 불러일으킨다. 그래서 희소성과 명성이 유지되는 한 명품은 끊임없이 소유욕을 자극하며, 세월이 흘러도 높은 가치를 인정받는다. 비록 오래되어 색이 좀 바래고 균열이 있어도 고려 청자나 로열 코펜하겐 같은 도자기는 내재적 가치가 유지된다.

여담이지만, 고古도자기는 전쟁 중에도 거래된다는 말이 있다. 깨져도 가치가 있다면 박물관에서도 매입을 한다. 원래의 자

로열 코펜하겐 마크 구조

태와 거리가 멀더라도 백 년, 천 년 된 낡은 도자기에 수집가들은 열광한다. 볼품없어 보이는 개인 소장품이 권위 있는 기관에서 인정하는 보물이 되기도 한다. 그런 물품 중에는 흔히 접할 수 없는 독특한 모습이나, 용도를 가늠하기 어려운 형태를 지닌 것들도 있다. 무엇을 위해 만들어졌는지, 어디에 사용되었는지 기록이 없으면 알 방법이 없다. 그런 경우 사람들은 추측이나 상상에 기댄다. 그리고 제각각 지어낸 서사에 근거해 별칭을 붙여주기도 한다.

로열 코펜하겐 도자기는 공장에서 계획과 설계에 따라 수작업을 거쳐 대량 생산되어 왔기 때문에 대부분 용도와 생산 이력이 분명하다. 대량 생산되었다고 하여 가치가 낮은 것은 아니며, 품질과 희소성을 유지할 수 있는 수준으로 생산되어 왔다. 또한 트레이드 마크(상표), 제조 국가, 제조 시기, 제품 등급, 디자인 유형, 제품 종류(제품 번호), 작업자 서명signature 등 상세하고 체계적인 정보를 제품 밑면에 표시하여 브랜드와 제품에 대한 신뢰도를 높였다. 이는 특히 수집가들에게 중요한 정보이다. 별도의 제품 설명서가 아니라 도자기 제품 자체에 이런 다양한 정보를 압축적으로 담았다는 것이 놀랍기도 하다.

로열 코펜하겐은 1775년부터 공식적으로 푸른 물결 3개를 트레이드 마크로 이용했으며, 초기에는 이것을 새기거나 손으로

1870-1890

1887-1892

1892

1894-1900

1889-1922

1905

1921

1923

1935-1949

1950-1984

1985-

1935-1949		1950-1984		1985-	
R 1935	**C** 1940	**R** 1950	**C** 1962	**RO**	1985-1991
O 1936	**O** 1941	**O** 1951	**O** 1963	**RY**	1992-1999
Y 1937	**P** 1942	**Y** 1952	**P** 1964	**RA**	2000-2004
A 1938	**E** 1943	**A** 1953	**E** 1965	**RL**	2005-2009
L 1939	**N** 1944	**L** 1954	**N** 1966	**RC**	2010-2014
	H 1945		**H** 1967		
	A 1946	**D** 1955	**A** 1968		
	G 1947	**E** 1956	**G** 1969-1973		
	E 1948	**N** 1957	**E** 1974-1978		
	N 1949	**M** 1958	**N** 1979-1983		
		A 1959			
		R 1960			
		K 1961			

로열 코펜하겐 마크 변천사

그리고 유약을 입혔다. 그러다가 1870년대 들어 스탬프로 찍고 유약으로 덮기 시작하여 이후에 여러 차례 트레이드 마크의 형태를 바꾸었다. 바뀐 시기별 제작 연도나 연대를 알 수 있으며, 현재의 트레이드 마크가 정해진 1935년 이후로는 왕관 모양을 둘러싼 알파벳 아래위에 하나 또는 둘의 짧은 선을 그어 제작 시기를 표시해 왔다.

물결 문양에서 유약을 긁은 흔적이 희미하게 보인다면 그 제품은 상품上品이 아니라 하품下品이다. 그렇다고 팔지 못할 질 낮은 제품은 아니고 제품을 잘 아는 생산자 입장에서 엄밀히 평가할 때 상품上品은 아니라는 의미다.

수집가나 전문가는 제품 밑면의 이런 표시를 보면 단번에 어떤 제품인지 알 수 있다. 수집을 처음 하는 사람들은 제품 종류가 워낙 다양해서 제품 카탈로그를 펼쳐 공부해 가며 마음에 드는 제품을 선별한다. 그렇게 하나하나 모으다 보면 마치 연도별 우표나 시대별 화폐를 수집하는 수집가와 같은 만족감을 느낀다.

간혹 카탈로그에 없는 제품도 있다. 수집가들 사이에서 이른바 '올드old'라고 불리는 제품이다. 전문 수집가들은 '올드' 제품에 열광한다. 특정 시기에 생산된 제품에서 느껴지는 특별한 멋이 있다. 여러 시기의 제품을 섞어 놓고 물끄러미 바라보면 '올드' 제품이 확연히 눈에 띈다.

수집가마다 다르겠지만 개인적으로 1960년부터 1979년까지 생산된 제품들을 선호한다. 이 제품들은 색감이 은은하고 무난해서 초보 수집가들이 즐겨찾기도 한다. 이 제품들에 익숙해지고 나면 대체로 1950년대 이전 제품을 찾기 시작한다.

'올드' 제품을 거래하는 과정에서 판매자와 수집가의 충돌(?)은 피할 수 없다. 늘 새것처럼 말끔한 제품만 보다가 눌린점(유약을 바른 후 가마에서 구울 때 들러붙어 함께 구워진 불순물을 없애기 위해 갈아낸 흔적), 모래점(유약을 바른 후 가마에서 구울 때 들러붙어 함께 구워진 모래), 갈색점(유약을 바른 후 가마에서 구울 때 들러붙어 연소된 불순물), 가마흠(1차 건조 때 또는 가마에서 구울 때 수축하여 생기는 흠) 등 예상치 못한 불완전한 상태를 처음 마주하면 대부분은 그냥 받아들이지 못한다. 이런 불완전한 상태는 해당 제품이 제작 당시 장작 가마에서 구워졌음을 의미한다. 장작 가마는 불순물 유입이 쉬운 데다 가마 안에서의 변수도 많아 최상품을 만들기가 어려운 환경이다. 하지만 경험 많은 수집가들에게는 이런 흔적이 매력적으로 다가온다. 새것보다 자연스러운 느낌이 들뿐더러, 깨끗하고 자동화된 설비에서 대량 생산된 기성품에서 볼 수 없는 '손맛'이 느껴진다. 그래서 수집가들은 각자의 취향에 따라 제품을 모으다가 점점 '올드' 제품에 눈을 돌리게 된다.

'올드' 제품의 멋은 '디자인'에 있다. 특이한 모양은 오래된 제품들에 몰려 있다. 그림에 보이는 블루 플루티드 저그^{jug} 역시 올드 제품에 속한다. 이런 형태의 저그는 대부분 1930년대 이전에 만들어졌다. 단종된 이후 희소 가치가 높아졌으므로 흠이 있어도 인기가 좋다. 우리나라에서는 복을 불러오는 복주머니와 비슷하게 보여 '복주머니 저그'라는 별명이 붙었다. 중국 청화백자 중에 이와 비슷한 형태가 있는데, 뭉툭하고 허리선이 굵은 모습을 좀더 우아하고 실용적인 디자인으로 바꾼 것으로 보인다.

1950년대 이전에 만들어진 제품은 1960년 이후에 만들어진 제품보다 디자인이 더 섬세하다. 서로 다른 시기에 제작된 블루 플루티드 하프 레이스 커피 컵을 비교해 보면 잘 알 수 있다. 오래된 제품일수록 굽(그릇 하단의 받침 구조) 부분의 화형花形이 더 뚜렷하다. 1960년대 들어 이 화형이 불분명해졌는데, 그 이유는 제품을 만들 때 사용하는 '틀'에 있다. 페인팅만 수작업으로 하고 기본 형상은 틀에 찍어 만들었기 때문이다. 굽의 화형이 뚜렷한 틀을 사용하면 섬세한 표현이 가능하지만, 제작 과정에서 불량품 발생률이 높았을 것으로 추정된다. 모양이 단순할수록 쉽고 빠른 생산이 가능하기에 1960년대 이후에는 화형이 불분명한 틀을 사용했다.

1785년에 제작된 블루 플루티드 풀 레이스 접시도 디테일이 살아 있다. 투각된 가장자리 레이스에 표현된 점 문양은 사진에

블루 플루티드 저그(386번)

블루 플루티드 하프 레이스 커피 컵. 1930년대(왼쪽, 1035번)와 1948년

18세기 중국 도자기의 가장자리 화형 문양(왼쪽)과
1785년 생산된 로열 코펜하겐 블루 플루티드 풀 레이스 접시의 입체 화형 문양

보이는 것처럼 원래 작은 꽃들이 이어진 모습이다. 이렇게 '올드' 도자기의 장식에는 20세기 제품에서 찾아볼 수 없는 섬세한 디자인의 원형이 간직되어 있다. 이런 섬세한 양각 장식이 20세기에는 다섯 개의 점으로 간소화됐다. 1960년 전에 만들어진 블루 플루티드 풀 레이스 접시의 점 문양에는 대부분 양각이 살아 있지만 이후에는 점차 사라져 페인팅으로만 표현됐다.

드물지만 페인팅에서도 '올드'만의 특별함이 있다. 1894~1897년에 생산된 블루 플루티드 하프 레이스 소스 그릇(1105번)은 보트boat처럼 생겨서 '소스 보트' 또는 '그레이비gravy 보트'라고 불린다. 이 올드 제품은 이후의 일반적인 소스 보트와 조금 다르다. 자세히 보면 안쪽 가장자리에 레이스가 그려져 있다. 1894~1897년에 생산된 모든 1105번 제품에 이런 페인팅이 있진 않으며, 매우 드물어서 찾아보기 힘든 디자인이다. 주문 제작된 제품이 아니었을까 추정할 뿐, 레이스가 그려진 이유는 알려져 있지 않다.

'올드'는 제작 시기에 따라 색감에도 차이가 있다. 오래된 제품일수록 남색과 보랏빛이 강하게 감돈다. 1992~1999년에 생산된 블루 플루티드 플레인 티포트를 1830~1845년에 만들어진 동종 제품과 비교해 보면 백자의 흰빛과 페인팅의 푸른빛에서 그 차이를 느낄 수 있다.

1 1894~1897년에 생산된 블루 플루티드 하프 레이스 소스 그릇(1105번)

2 1979~1983년에 생산된 블루 플루티드 하프 레이스 소스 그릇(1105번)

블루 플루티드 플레인 티포트,
1992~1999년 제품(왼쪽)과 1830~1845년 제품

1830~1845년에 생산된 티포트는 밑면에 마크가 없고 페인터의 서명signature만 있다. 오래된 제품 중에는 간혹 밑면에 페인터 서명이 없는 것도 있다. 그런 경우 제품의 하단 측면 혹은 제품 안쪽에서 서명을 찾을 수 있다. 오래된 도자기를 좋아하는 사람들은 실금이 가거나 깨지거나 수리된 것도 수용한다. 1830~1845년에 생산된 티포트는 손잡이가 깨져 수리한 흔적이 보인다. 비록 원형이 깨졌지만 희소성이 있어 1992~1999년에 생산된 티포트보다 가치가 높다.

대량 생산 기술이 발달하기 전에 만들어진 제품들을 현대의 기준에서 보면 불량품이 많다. 과거에는 불량품 선별 기준도 달랐을 것이다. 가급적 많은 제품을 완성품으로 판매해야 하는데 양품 기준을 너무 높게 잡으면 그만큼 기준 미달 제품이 많아져 곤란했을 것이다. 로열 코펜하겐에서 '올드' 제품에 등급을 매기는 기준을 공식적으로 밝힌 적은 없다. 제품을 만드는 직원이 일부러 등급을 낮게 매긴 후 자신이 구매해 가져갔다는 루머가 수집가들 사이에 돌긴 했으나 그것을 입증할 근거는 없다.

그래서 수집가들은 생산 등급을 세밀히 살핀다. '생산 등급'은 로열 코펜하겐에서 제품을 만들 때 제품 품질에 따라 표시하는 등급이다. 이 등급은 제품 뒷면의 푸른 물결 마크 위에 표시된다. 마지막 유약을 바르기 전에 제품의 품질을 평가하여 푸른 물결에 입혀진 기존 유약에 희미한 스크래치를 내서 표시한다. 이 표시는 얼핏 봐서는 맨눈에 잘 보이지 않는다. 밝은 조명을 비추거나 특정 각도로 불빛에 비춰 봐야 희끄무레하게 보이는 정도이다.

경험에 근거해 말하자면, 로열 코펜하겐 제품은 1등급, 2등급, 3등급, 4등급으로 나뉜다. 1등급은 디자인과 품질에 이상이 없는 상품^{上品}이다. 약간의 하자가 있지만 품질이 양호한 2등급은 유약 스크래치가 1개이고, 3등급은 스크래치가 2개, 4등급은 스크래치가 3개이다. 제조사에서 밝힌 객관적 평가 기준이 없다 보니 '올드' 제품은 1등급에서도 문제점이 보이는 경우가 있다. 모양의 균형이 살짝 어긋나 있거나 바닥의 수평이 맞지 않는 것도 있다. 눈에 거슬리는 갈색 탄 자국이나 유약 기포, 모래알 등이 보이는 제품도 드물지 않다.

로열 코펜하겐은 일반 소비자가 판단하기에 품질 차이가 없다 보니 스크래치 표시가 있는 제품도 상점에서 판매했다. 하지만 1972년부터는 직원만 구입할 수 있게 정책을 바꾸었다.

과거에 실용적인 용도로 만들어진 도자기가 현대에는 다르게 사용되기도 한다. 생산 당시의 생활양식이 반영된 실용적 도자기의 원래 용처가 사라져 다른 용도나 장식용으로 쓰이는 것이다. 우아한 티타임이 연상되는 블루 플루티드 풀 레이스 잉크웰

inkwell 제품(1063번)은 놀랍게도 원래 사무용품이었다. 펜에 묻힐 잉크를 담는 잉크통이었다. 우리나라의 유사한 도자기로는 고려시대, 조선시대의 묵호墨壺가 있다.

이 잉크웰 제품은 사용자에 따라 용도가 달라져 왔는데 촛대로도 사용된다. 펜과 잉크를 거의 사용하지 않는 시대인 만큼 촛대로 사용하는 편이 나을 수 있다. 오래된 동양 도자기 역시 지금의 생활양식에 맞추어 용도가 바뀌곤 한다. 나도 오래된 연적을 인센스 홀더insense holder(향꽂이)로 사용한다. 상상력은 제품의 가치를 확장시킨다.

로열 코펜하겐을 수집하다 보면 형태와 제품 번호가 자연스럽게 연결되는 경우가 있다. 번호가 연속된 제품들을 탑처럼 쌓을 수도 있다. 블루 플루티드 풀 레이스 베이스vase(꽃병, 1043번)와 블루 플루티드 풀 레이스 부케 홀더bouquet holder(꽃병, 1044번)가 그러하다. 쌓고 보면 하나의 향로 같아 보인다. 이것은 공교롭게도 블루 플루티드 풀 레이스 포푸리 베이스potpourri vase(방향 꽃병, 1186번)와 닮았다.

수집하다가 이런 제품들을 만나면 조립과 해체의 묘미가 있다. 신기한 경험을 하다 보면 질문도 많아진다. 이 제품은 왜 이렇게 생겼을까? 여기에 왜 이런 그림이 그려져 있을까? 커지는 궁금증만큼 상상력도 배가 된다.

1 블루 플루티드 풀 레이스 잉크웰inkwell

2 인센스 홀더로 변신한 연적과 잉크웰

1 블루 플루티드 풀 레이스 꽃병 2개를 아래(1044번) 위(1043번)로 쌓은 모습

2 블루 플루티드 풀 레이스 방향 꽃병(1186번)

7장

페인터는 서명을 남긴다

화룡점정畫龍點睛은 일의 가장 중요한 부분을 완성하는 것을 의미한다. 이 고사성어가 유래한 옛이야기가 있다.

중국 위진남북조시대 남조 양梁나라에 궁정 화가 장승요張僧繇가 살았다. 그는 실물과 똑같이 그려내는 데 능했으며, 사원 벽화를 많이 그렸다. 한번은 금릉金陵(현 난징)에 있는 안락사安樂寺라는 절에서 용 네 마리를 벽에 그렸다. 그런데 유독 눈동자만은 그리지 않았다. 사람들이 그 이유를 묻자 장승요는 이렇게 답했다.

"눈동자를 그리면 용이 당장 살아 움직여 날아가 버릴 것이오."

사람들은 그의 말을 믿지 않으며 어서 눈동자를 그릴 것을 요청했다. 그는 하는 수 없이 용의 눈동자를 그렸다. 그러자 바로 벼락이 내리쳐 벽이 깨지더니 눈동자가 그려진 용 두 마리가 하늘로 날아올랐다. 눈동자가 그려지지 않은 나머지 용들은 벽에 그림으로 그대로 있었다.

로열 코펜하겐의 청화 페인터painter(도자기 화가)들은 4년 동안 소 귀털이나 순록 배털로 만든 붓으로 그림 연습을 한다. 언뜻 보기에 같은 종류의 그릇에 그려진 패턴이 모두 똑같은 것 같지만 사실 인쇄한 것처럼 똑같은 것은 하나도 없다. 설립된 1775년부터 오늘날까지 로열 코펜하겐에서는 2,000여 종에 이르는 모든 제품에 손으로 문양을 그려왔다. 예를 들면, 블루 플루티드 하프레이스 디너 플레이트 1개에 그림을 그리려면 약 1,200번의 붓질이 필요하다. 그래서 페인터는 작가, 제품은 작품으로 불리기도 한다. 각 페인터는 제품 하나하나에 같은 듯 다른 자신의 실력과 개성과 창의성을 발휘하며, 작품을 완성하는 화룡점정의 노력을 기울인다. 그러면 단순한 진흙 구이에 불과할 수 있는 백자가 생기 있는 풀꽃이 피어난 우아한 도자기로 변신한다. 그림을 완성한 후에는 제품 밑면이나 구석에 페인터 서명signature을 남긴다. 이것은 로열 코펜하겐의 전통이며 다른 도자기 브랜드에서는 흔치 않다. 로열 코펜하겐의 고유한 정체성을 이루는 중요한 요소이기도 하다.

페인터의 서명은 로열 코펜하겐 물결 마크 주변(주로 오른쪽, 또는 위나 아래)에 위치한다. 앞에서 물결 마크에 대해 언급한 것처럼, 이것은 율리아네 마리 왕비의 결정에 따라 모든 로열 코펜하겐 제품에 표시하게 되었다. 이후 로열 코펜하겐이 왕립 기업에서 풀려나 민간 기업이 되고 여러 차례 소유주가 바뀌면서 물결 마크의 형태도 조금씩 변했다(로열 코펜하겐은 1972년에 은식기 제조업체 게오르그 옌센GeorgJensen에 인수됐다가 1985년 로열 스칸디나비아Royal Scandinavia로 합병되어 1987년 빙앤그뢴달을 인수했다. 1997년에는 스웨덴 사모펀드 악셀Axcel에 인수됐으며, 2012년에 다시 핀란드 생활용품 기업 피스카르스Fiskars 그룹에 매각됐다).

1820년부터 1850년까지는 세 물결이 직선으로 단순하게 표현되었다. 1850년부터 1870년까지는 직선이었던 물결에 약간의 율동성이 가미되었고, 1870년대에 비로소 지금까지 쓰이는 형태로 정착되었다.

로열 코펜하겐을 소개할 때 빈번하게 등장하는 「율리아네 마

물결 마크의 변천

1775년	1820~1850년	1850~1870년	1870~1890년

리 흉상」은 독일 출신의 탁월한 조각가 안톤 카를 루플라우^{Anton} Carl Luplau(1745~1795)가 제작한 비스킷웨어^{biscuit ware}(유약을 바르지 않고 구운 초벌구이 백자인 비스크^{bisque})이다. 루플라우는 독일 도자기 회사 퓌르스텐베르크에서 18년간 일하다가 로열 코펜하겐 설립자인 프란츠 하인리히 뮐러의 제안을 받아들여 로열 코펜하겐으로 자리를 옮겼으며, 피겨^{figure}나 피겨린^{figurine} 같은 도자기 모형을 제작하는 책임자로 일했다(재직 1776~1795). 그는 덴마크의 신고전주의 조각가 카를 프레데리크 스탄레위^{Carl Frederik} Stanley(1738~1813)의 작품을 모델로 하여 「율리아네 마리 흉상」을 제작했다. 루플라우는 「율리아네 마리 흉상」을 비롯하여 자신이 만든 로열 코펜하겐 제품 대부분에 서명을 남겼다.

건축가 출신이면서 로열 코펜하겐의 아트 디렉터였던 아르놀 크로그(재직 1885~1916)는 페인터로도 활동하며 주로 블루 플루티드 제품에 그림을 그렸다. 북유럽의 풍경을 즐겨 그렸으며, 세 종류의 서명을 사용했다. 모든 페인터가 크로그처럼 여러 가지 서명을 사용한 것은 아니며, 일부 작가를 제외한 대부분의 페인터는 자신의 이름이나 이니셜(머리글자), 상징 등을 이용한 한 가지 서명만 사용했다. 나중에는 페인터의 이름을 분류하여 서명을 숫자로 표시하는 방식이 도입되었다.

앞에서 소개한 '덴마크 왕관 문양 컵의 받침'의 문양은 로열

Luplan fec:
1781

≡ ꓯꓱRᴏ9 Sᴄptᴵᵍᴼ³

3 ≡≡≡ D

Vᴵᴵ ≡≡ P

1 율리아네 마리 흉상

2 안톤 카를 루플라우의 서명

3 아르놀 크로그의 서명

코펜하겐 페인터가 중국 도자기를 모방한 독일 마이센 도자기를 모방해 그린 것이다. 언뜻 보기에 화풍 때문에 유럽에서 만들어진 제품인지 의문이 들 수 있는데, 제품 뒷면에 남겨진 로열 코펜하겐 마크와 페인터 서명으로 북유럽 도자기임을 확인할 수 있다. 받침 밑면에 '물결, 십자가, MII'가 순서대로 그려져 있다. 로열 코펜하겐 설립 초기에는 페인터의 서명을 넣지 않고 이처럼 제품 종류를 구분하는 표시만 그려넣기도 했다. 이 표시는 그릇 dish류를 나타내는 마크 가운데 하나이다.

1 덴마크 왕관 문양 컵의 받침
1 덴마크 왕관 문양 컵의 받침 밑면의 마크

1 스타 플루티드 풀 레이스 디저트 플레이트
1 스타 플루티드 풀 레이스 디저트 플레이트 밑면의 마크

　1800년에 생산된 스타 플루티드 풀 레이스 디저트 플레이트 dessert plate 밑면에는 '물결, ×' 표시가 있다. 이것은 가장자리가 구멍 뚫린 입체적 레이스로 장식된 접시 plate류를 가리키는 마크이다.[13]

　다음 쪽 제품의 마크를 보면 우선 왕관 형태에서 제작 시기가 1894~1900년임을 알 수 있다. 물결 왼쪽의 '31'은 장식 접시(벽에 거는 장식용 접시 decorative plate)라는 제품 종류를 의미하는 번호이고, 오른쪽의 '62'는 페인터의 서명이다. 이 접시처럼 오래전에 제작

1 1893~1900년에 생산된 31번 장식 접시

1 1893~1900년에 생산된 31번 장식 접시 마크. '62'는 페인터 서명

된 도자기는 수집하기가 매우 어렵다. 하지만 이 31번 미니 장식 접시는 예외이다. 지금도 로열 코펜하겐 본사에 주문하면 그림을 똑같이 그려 새로 제작해 준다고 한다.

오른쪽 제품의 마크를 보면 1889~1922년에 만들어진 것임을 알 수 있다. '622'는 제품 종류가 튜린^{tureen}임을 의미하고, 그 위의 숫자 '1'은 문양 패턴 종류가 블루 플루티드 플레인이라는 것을 나타낸다. 물결 오른쪽의 '34'는 페인터의 서명이다. 간혹 필요에 따라 제품 크기 정보를 따로 표기하기도 했다(N:1A는 하나의 크기만 있음을 의미한다고 한다).

노르웨이의 도자기 연구자인 레우리츠 도렌펠트$^{Lauritz\ G.}$

블루 플루티드 플레인 튜린의 포트pot와 뚜껑

Dorenfeldt에 따르면[14] 서명으로 '56'을 사용한 페인터는 기혼녀[Frk] 4명이다.[15] 이들은 같은 제품군을 공동 작업했을 것으로 보인다. 페인터 중에는 남성보다 여성이 훨씬 많았다.

오늘날 로열 코펜하겐은 페인터 훈련 체계를 갖추고 있으며, 일정 수준 이상의 실력과 숙련도를 갖춘 페인터만 제품에 그림을 그릴 수 있게 한다. 페인터 서명을 숫자로 표시한 것은 1931년까지이며, 이후의 페인터들은 알파벳을 사용했다. 숫자나 알파벳으로 표시된 같은 서명을 보더라도 한 사람의 것으로 오인해서는 안 된다.

오래됐다고 해서 반드시 그림의 가치가 더 높은 것은 아니다. 모든 페인터는 브랜드의 특징과 제품군의 스타일을 유지하면서 자신만의 화풍을 구현하며, 구매자 또한 자신의 취향에 맞는 그림이 제각각이다. 1800년대에 페인터 한스 야콥 한센[Hans Jacob Hansen](1779~1819)이 그린 그림을 보면 디테일이 약해 보이지만 심플한 멋이 두드러진다. 뮐러가 경영한 시기(1775~1801)에 활동한 페인터 한센은 아르놀 크로그처럼 눈에 띄는 서명을 남기지 않았다. 제품 밑면 가장자리 한 구석에 거의 보일 듯 말 듯하게 곡선과 직선을 교차시킨 조그마한 서명을 남겼다.

나도 선호하는 페인터가 있다. 그의 서명은 'tx'다. 이름을 알 수 없는 'tx'가 그린 그림에는 오래된 느낌과 현대적인 느낌이 공

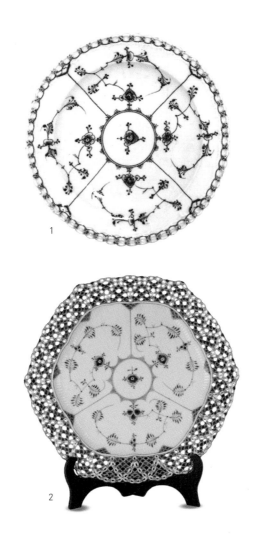

1 한스 야콥 한센의 그림

2 스텐베르의 그림, 1890년경

블루 플루티드 풀 레이스 컵(1036번)과 받침

존한다. 그 다음으로 좋아하는 페인터의 서명은 '31'이다. 'tx'와 달리 '31'은 누구인지 알 수 있다. 스텐베르^{E. Steenberg}는 로열 코펜하겐에서 1885년부터 1938년까지 무려 53년 동안 페인터로 활동했다. 풀타임 근무를 한 그녀는 서명 숫자 '31'을 단독으로 사용했다. 특유의 균형 잡힌 페인팅은 블루 플루티드의 정석이라고 해도 부족함이 없다.

마크 형태로 보아 1889~1922년에 생산된 '블루 플루티드 풀 레이스 컵(1036번)과 받침'에는 제품 종류나 디자인 종류를 나타내는 번호가 없고 페인터 서명 숫자 '1914'만 있다. 이유를 알 수 없는 예외적인 경우이다.

우리나라에도 로열 코펜하겐처럼 도공이 새긴 표시가 남아 있는 도자기가 있다. 드문 사례지만, 강진에서 만들어진 청자 중에 동그란 음각이 새겨진 것이 있다. '청자 철채 십자 표시 도편'이라는 사발 바닥에 십十자 표시가 있다. 十(십)이 갑골문에서 甲 (갑)과 같은 글자로 쓰인 것처럼 도자기가 상품^{上品}이라는 뜻인지, 도공의 이름 글자인지, 만들어진 순서인지, 그릇의 종류인지, 만든 날짜인지 알 수 없다. 도공은 자신만 알아볼 수 있는 표시를 남겼다.

자동화된 대규모 시설에서 빠르게 대량으로 생산하는 요즘과 달리 당시에는 도자기를 완성하는 데 긴 시간과 고된 노동을

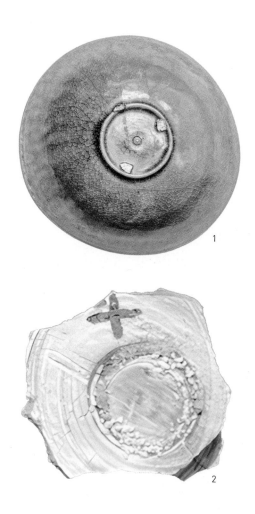

1 강진 고려 청자 굽 마크

2 청자 철채 십자 표시 도편

들여야 했다. 그만큼 도자기 하나하나가 자식처럼 소중하게 여겨졌을 것이다. 하지만 도자기를 팔아 생계를 꾸려야 하는 입장에서 함부로 도자기에 흠처럼 보일 만한 표시를 남기기는 어려웠을 것으로 보인다. 그러니 저렇게 새겨진 표시에는 특별한 사연이 있을 법하다. 그것을 상상하는 것만으로도 도자기를 감상하는 의미는 충분하다.

『조선왕조실록』을 보면, 세종 3년인 1421년 4월 16일에 공조工曹에서 '진상되는 그릇에 장인匠人의 이름을 써 넣을 것'을 건의했다. "진상되는 그릇이 대개 공들여 튼튼하게 만들어지지 않기 때문에 오래잖아 파손되니, 앞으로는 그릇 밑바닥에 장인의 이름을 써 넣어서 후일의 참고로 삼고, 공들여 만들지 않은 자에게는 그 그릇을 물어내게 하소서." 하니, 이 상소를 그대로 따랐다고 한다.

세종 때였으니 당시 진상된 그릇은 대부분 분청사기였을 것이다. 진상 도자기에 도공의 이름을 써 넣으라고 한 것은 놀라운 일이다. 하지만 도공에 대한 예우와 도자기 관리를 위해서가 아니라 불량품 감시와 징계를 위한 것이라 씁쓸하지 않을 수 없다. 도공들은 어떤 대우를 받았기에 진상 도자기를 무성의하게 만들었을까? 조선시대 도공은 천민이었다. 사회적으로 천대받은 그들에게는 장인으로서의 자부심과 긍지 따위는 없었을 것이다.

또한 왕족과 사대부는 자신의 밥그릇, 국그릇에 천민인 도공의 이름이 새겨지는 것을 달가워했을 리 없다. 이 제도는 오래가지 못했을 것이다.

실용이든 장식용이든 도자기를 수집하는 사람은 이름 모를 도공의 노고를 떠올리게 마련이다. 왕실이나 귀족 가문에서 태어나지도, 훌륭한 미술 교육을 받지도 못한 그 수많은 서민 여성 페인터들이 숫자와 알파벳으로 자신의 흔적을 남겼을 로열 코펜하겐의 도자기에서도 같은 측은지심을 느낄 수 있다. 천 번이 넘는 붓질로 청화백자 하나하나의 아름다움을 그려낸 그들의 손과 눈과 마음을 머릿속에 그려볼 수 있다.

로열 코펜하겐 블루 플루티드 제품에서 드러나는 페인터의 개성은 1820년대부터 1950년대까지 돋보였다. 1960년대부터는 페인터의 개성이 점차 사라졌다. 그래서 경험 많은 수집가들은 1820년대부터 1950년대까지의 작품을 선호한다. 페인터의 개성이 살아 있는 데다 세밀하고 아름답기 때문이다. 간혹 꽃이 뭉개지고 선이 비뚤어진, 재미있는 그림도 있다.

로열 코펜하겐 블로 블롬스트^{Blå Blomst} 아이스 벨 위드 스탠드 ice bell with stand 제품들을 보면 숨이 턱 막힌다. 1775~1810년에 만들어진 희귀하고 비싼 제품이라 숨이 한 번 막히고, 디테일 구현에 들였을 노력을 생각하면 한 번 더 숨이 막힌다. 아마 여성인 페

1 로열 코펜하겐 블로 블롬스트 아이스 벨 위드 스탠드(1068번)

2 로열 코펜하겐 블로 블롬스트 아이스 벨 위드 스탠드

인터는 가로, 세로 30센티미터 정도 되는 저 무겁고 복잡한 것과 몇 며칠을 씨름하며 세밀한 페인팅 작업에 골몰했을 것이다. 그리고 저 제품들의 용도를 생각하면 한 번 더 숨이 막힌다. 도대체 어디에 쓰인 물건일까? 겉모습만 봐서는 아무리 생각해도 알아내기 어렵다. 왕족이나 귀족을 위한 장식품일까?(굳이 상대적으로 작고 복잡하고 무거운 도자기 장식품이 필요할까?) 안에 기름이나 초를 넣어 불을 켠 조명일까?(은은하게 새 나오는 불빛이 운치 있겠지만 금방 그을음으로 변색되고 청소하기도 까다롭지 않을까? 그을린 자국도 없다) 뭔가를 보관하기 위한 것일까? (저렇게 구멍이 많이 뚫려 있는데?)

궁금증을 참지 못해 문헌 조사를 해보니 놀랍게도 테이블 에어컨 겸 아이스크림 서빙 접시였다고 한다. 요즘 같은 전기 에어컨디셔너가 없던 시대에, 무더운 날이나 뜨거운 음식이 차려진 식탁에서 식욕을 돋우자면 시원한 것이 필요했을 것이다. 저 제품들은 종 모양의 뚜껑과 우묵한 받침 접시로 이루어져 있으며, 받침 접시 가운데에는 대접 같은 그릇 구조가 있다. 뚜껑의 구실은 대접을 덮는 것이다. 그 대접에 얼음을 담으면 찬바람이 솔솔 스며나오는 에어컨이 되고 아이스크림을 담으면 서빙하는 동안 금방 녹지 않는다.

특별한 용도의 도자기를 보니, 군용 수통처럼 납작하게 생긴 '분청사기 조화 풀꽃 무늬 편병'이 생각난다. 15세기 후반 조선시대에 만들어진 이 분청사기는 만듦새가 그리 정교하지 않은 것이 왕실이나 귀족을 위한 것으로 보이지 않는다. 형태의 균형과 대칭성, 질감과 빛깔, 그림의 구도와 세밀함 등으로 볼 때 도공이 휘뚜루마뚜루 사용될 만한 수준으로 어렵지 않게 만든 듯하다. 들고다니면서 물이나 술을 마실 목적이었을 것이니 그럴 만도 하다. 얇은 쪽에는 띠를 새기고 넓은 쪽에는 정체 모를 꽃을 그린 것도 재미있다. 물이든 술이든 꽃을 잡고 마시면 더 맛있을 법하다. 로열 코펜하겐 아이스 벨의 정교함과는 거리가 멀지만 미완의 미가 느껴진다. 투박한 무늬는 시를 읊듯이 오래 두고 볼수록 더 아름답다.

분청사기 조화 풀꽃 무늬 편병. 국립중앙박물관

8장

문양이 변하면 그릇이 달라진다

사전에서 나비 효과란 "어느 한 곳에서 일어난 작은 나비의 날갯짓이 뉴욕에 태풍을 일으킬 수 있다는 이론"을 일컫는다. "미국의 기상학자 로렌즈^{Edward Norton Lorenz}(1917~2008)가 처음 사용한 용어로, 초기 조건의 사소한 변화가 전체에 막대한 영향을 미칠 수 있음을 이르는 말이다."

다른 분야의 디자인도 그러하겠지만, 실생활에서 사용하는 식기류 크기의 도자기 디자인에서 사소한 변화가 전체의 미감과 분위기, 심지어 실용성에까지 미치는 영향은 나비 효과를 연상시킨다. 변화를 줄 때 어느 작은 한 부분만 바꾸는 것이 아니라 그 변화와 관련있는 다른 부분들까지 통일성 있게 연쇄적으로

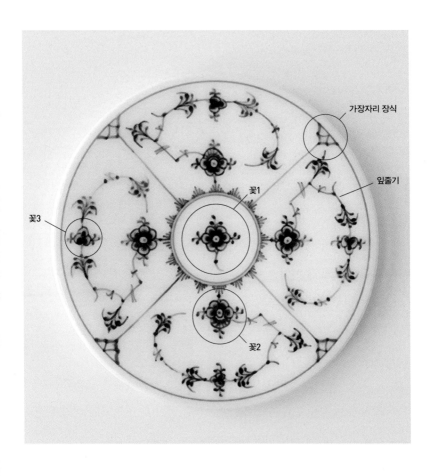

가장자리 장식

잎줄기

꽃1

꽃3

꽃2

블루 플루티드 플레인 트리빗trivet(그릇받침)의 문양(452번)

바꾸어야 하기 때문에 더욱 그러하다.

초창기 로열 코펜하겐 블루 플루티드의 문양 패턴은 중국 청화백자처럼 복잡했다. 이것이 거의 반세기에 걸쳐 다듬어져 고유의 단순미를 갖추게 되었다. 다음 그림들을 보면 그 변천사를 알 수 있다. 꽃과 잎줄기, 장식과 선 등이 서서히 간결해지면서 자연물의 실제 형태와 거리가 먼 단순화된 구조로 바뀌었다. 기존의 중국식 청화백자와 달리 청화의 비중을 줄이고 백자의 흰 여백을 많이 드러냄으로써 깔끔해진 선의 미학이 더 느껴지게 했다.

꽃 밑의 잎줄기가 사라지면서 꽃 주변 상하좌우의 대칭적 장식으로 잎 3개인 잎줄기가 배치됐다. 꽃받침도 사라지면서 꽃잎만 크게 부각됐다. 아름다움의 중심인 꽃1의 형태를 도드라지게 표현하면서 나머지는 제거하거나 극도로 단순화했다. 가운데 꽃1을 둘러싼 원 주위의 선 장식도 단순화하여 꽃1을 더 돋보이게 했다. 꽃1을 둘러싼 원 주변의 꽃2도 비슷한 방식으로 단순화했다.

가장자리에 가까운 꽃3을 보면 꽃의 정면이 아닌 옆모습을 묘사하면서 꽃1, 꽃2와 통일성 있는 단순화의 과정을 거쳤다. 역시나 꽃을 부각시키되 꽃1, 꽃2보다 작게 그림으로써 가운데 쪽으로 집중되는 시선이 분산되지 않게 했다. 그러면서 꽃의 푸른색 면의 크기를 줄여 희미하게 보이는 효과도 연출했다. 꽃 밑의 잎

로열 코펜하겐 블루 플루티드 플레인의 문양 변화: 꽃1

1776년경
마이센

1785년경
로열 코펜하겐

1795년경
로열 코펜하겐

1810년경
로열 코펜하겐

로열 코펜하겐 블루 플루티드 플레인의 문양 변화: 꽃2

1776년경
마이센

1780년경
로열 코펜하겐

1790~1800년경
로열 코펜하겐

1810년경
로열 코펜하겐

로열 코펜하겐 블루 플루티드 플레인의 문양 변화: 꽃3

1776년경
마이센

1780년경
로열 코펜하겐

1800년경
로열 코펜하겐

1810년경
로열 코펜하겐

로열 코펜하겐 블루 플루티드 플레인의 문양 변화: 가장자리 장식

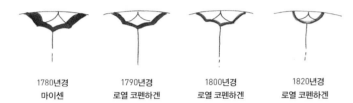

| 1780년경 | 1790년경 | 1800년경 | 1820년경 |
| 마이센 | 로열 코펜하겐 | 로열 코펜하겐 | 로열 코펜하겐 |

로열 코펜하겐 블루 플루티드 플레인의 문양 변화: 잎줄기

| 1780년경 | 1780년경 | 1800년경 | 1810년경 |
| 마이센 | 로열 코펜하겐 | 좌로열 코펜하겐 | 로열 코펜하겐 |

줄기 선도 3개에서 2개로 줄였다.

원은 기하적으로 완벽한 도형이다. 다소 산만해 보일 수 있는 풀꽃 문양의 화면을 안정시키면서 4분할된 화면에 대칭성을 부여하는 가장자리 원은 이 디자인에서 빼놓을 수 없는 필수 요소이다. 4분할된 원의 부채꼴들이 만나는 원주 위 교차점에 놓인 장식 문양은 자칫 심심해 보일 수 있는 원의 대칭성과 분할된 면의 구획이 눈에 띄게 한다. 가장자리 장식 문양의 변화를 보면 앞의 꽃3처럼 크기가 줄면서 채색 면이 작아지고 분할된 면과의 경계선이 가늘어졌다.

4분할된 각 면에 있는 꽃3의 잎줄기도 함께 단순화됐다. 크기와 선, 면이 모두 줄었다. 즉, 줄기와 잎이 모두 줄었다. 그럼으로써 꽃1, 꽃2를 부각시키는 데 방해가 되지 않으면서 흰 바탕여백을 여유 있게 장식하고 있다(로열 코펜하겐의 공식 제품 설명에서는 단순화된 꽃1, 꽃2, 꽃3을 '국화chrysanthemum'라고 칭한다. 꽃 주변의 꽃받침, 중심 원 주위의 부채꼴 선 문양, 잎줄기 등은 모두 palmette 또는 palmetto, 즉 종려잎 문양이라고 설명한다).

주로 마이센 도자기를 모방한 18세기 중반 로열 코펜하겐의 초기 문양 패턴이 미니멀minimal해진 데에는 모든 제품의 그림을 손으로 그리는 작업의 수고로움을 덜기 위한 목적도 있었다. 생산성과 효율성, 품질의 균일성을 중시하면서 페인터들의 개성이 거의 드러나지 않게 되었다. 하지만 손으로 문양을 그린 도자기라는 브랜드 정체성은 그대로 유지되었다.

그렇다면 로얄 코펜하겐은 왜 풀꽃에 집중하고 고집해 왔을까? 우리나라 『삼국유사』에는 향기 없는 꽃에 관한 이야기가 있다. 중국 당唐 태종이 붉은색, 자주색, 흰색으로 그려진 모란과 그 꽃씨 석 되를 선덕여왕(재위 632~647)에게 보내왔다. 선덕여왕은 그림 속 꽃을 보고 이렇게 말했다. "이 꽃은 필시 향기가 없을 것이다." 시종들은 꽃씨를 뜰에 심고 꽃이 피었다 지기까지 기다렸지만 여왕의 짐작대로 꽃에 향기가 없었다. 이에 신하들이 여왕에게 어떻게 그렇게 될 줄 알았는지 물으니 여왕은 "꽃을 그렸는데 나비가 없으니 향기가 없는 것을 알 수 있고, 그것은 곧 당나라 황제가 나에게 짝이 없음을 희롱한 것이다."라고 답했다.[16]

중국 청화백자는 도자기만의 특별한 문양도 있지만 중국의 수많은 회화를 그대로 옮겨놓은 것처럼 그림이 다양하다. 꽃만 그린 경우도 있지만 대개는 풍경이나 동식물, 온갖 정물로 화면을 가득 채워 우리가 요즘 흔히 생각하는 동양의 여백미와는 거리가 멀다. 유럽 최초의 경질 자기인 마이센 도자기를 보면 초기에는 중국 청화백자를 그대로 옮긴 듯한 그림이 많다. 그러다가 점차 문양과 등장 요소의 수와 비중을 줄여 여백을 확보해 나갔다. 어느 하나 또는 몇몇 정물에 한정하지 않고 다양한 대상을 그

1 덴마크 왕관 문양 컵의 받침

2 중국 청화백자

렸다. 굳이 청화만 고집하지 않고 화려한 채색화도 그렸다.

하지만 마이센을 모방한 로열 코펜하겐은 나름의 철학을 갖추면서 나비도, 벌도, 새도 버리고 오직 꽃만, 그것도 나무에 피는 꽃이 아니라 풀꽃만 청화로 그렸다. 물론 로열 코펜하겐에서도 피겨나 피겨린을 비롯한 여러 형태의 다양한 채색 도자기가 만들어지긴 했지만 주력 제품인 블루 플루티드 계열과 그 응용 제품들은 간결한 청화 풀꽃 문양을 기본으로 하는 로열 코펜하겐의 디자인 문법과 변주를 따랐다. 나비는 없지만 향기가 은은하게 묻어날 것처럼 아름다운 풀꽃 도자기는 세상에 견줄 짝이 없는 수준에 이르렀다.

로열 코펜하겐의 플로라 다니카Flora Danica 제품은 세상에서 가장 아름답고 비싼 식기류 도자기로 불린다. 지금도 덴마크 본사 공장에서 소량 주문 생산되는 이 제품은 블루 플루티드 계열이 아니다.

'플로라 다니카'는 말 그대로 '덴마크 식물상植物相'을 뜻한다. '식물상'이란 "특정 지역에 생육하고 있는 식물의 모든 종류"로서, "식물학적 지역 조사나 식물 지리학의 기본이 된다." 자연에 대한 이성적인 지식을 확보하기 위해 노력한 계몽주의 시대 덴마크 왕 프레데리크 5세는 1752년에 당시의 덴마크 왕국에 속한 지역(노르웨이, 그린란드, 아이슬란드 등지 포함)에 서식하는 모든 식

1 플로라 다니카 접시(1789~1802)

2 플로라 다니카 접시 밑면

물을 조사해서 기록하는 프로젝트를 시작했다. 이끼식물과 버섯까지 포함한 온갖 식물을 가급적 실물 크기대로 동판에 세밀화로 그리는 작업도 이루어질 예정이었다. 이것은 덴마크 농업의 발전에 실용적인 쓸모가 있을 것으로도 기대를 모았다.

이 프로젝트를 진행할 책임자로 독일 출신의 의사이자 식물학자인 왕립 식물원 교수 게오르크 크리스티안 외더^{Georg Christian} Oeder(1728~1791)가 임명되었다. 1753년부터 현장조사를 비롯한 실무에 뛰어든 그는 1761년부터 1771년까지 60개의 동판화를 실은 10권의 책을 발간했다. 하지만 정치 상황의 변화로 1771년에 그는 해임되었고, '플로라 다니카'는 이후 우여곡절을 거치며 122년 만인 1883년에 3,240개의 원판으로 완성되었다.

전하는 바에 따르면, 로열 코펜하겐은 1790년에 덴마크 왕 크리스티안 7세(재위 1766~1808)의 명령을 받아 러시아 여왕 예카테리나 2세에게 외교 선물로 보낼 고급 식기류 제작에 착수했다. 도자기 수집광인 여왕의 취향을 고려해 가장자리를 금으로 장식하고 그 안에는 '플로라 다니카'의 식물을 한 점씩 컬러로 그려 넣은 최고급 식기를 만들었다. 하지만 1796년에 여왕이 사망하자 덴마크는 1803년에 식기 제작을 중단하고 그때까지 제작된 1,802개의 식기를 러시아에 보내지도 않았다. 그 식기들은 지금까지도 덴마크의 중요 행사 때 사용되고 있으며, 로열 코펜하겐은 그 복제본을 주문 제작하여 판매하고 있다. '플로라 다니카' 제품들에도 나비는 없다.

로열 코펜하겐의 디자인과 유사하면서 나비가 있는 도자기를 만든 주변 브랜드도 있다. 로열 코펜하겐이 모방한 마이센은 나비가 있는 청화백자나 채색화 도자기를 계속 만들었다. 빙앤그뢴달Bing & Grøndahl은 청화백자에 풀꽃과 어울리는 장식으로 또는 중심부 꽃을 대신하여 나비를 그리기도 했다. 언뜻 보면 시누아즈리 양식에 가깝지만 '빙앤그뢴달 버터플라이' 컬렉션은 나비를 테마로 삼았다. 풀꽃 문양은 중국 청화백자와 매우 흡사하다.

빙앤그뢴달의 제품은 도자기 브랜드나 디자인에 대해 잘 모르는 일반 소비자가 볼 때 로열 코펜하겐과 구별이 어려울 정도로 유사하다. 그래서인지 1987년에 로열 코펜하겐에 무난히 인수되었다. 로열 코펜하겐 수집가들 중에는 빙앤그뢴달 제품을 수집하는 이들도 있다.

'빙앤그뢴달 블루 플루티드 서빙 접시' 제품은 손잡이 장식이 돋보인다. 해마가 서로 마주 보고 있는 부분을 손으로 잡기 쉽게 만들고 방향성을 부여함으로써 서빙 접시의 실용성을 높인 것으로 보인다. 그 외의 나머지 디자인은 로열 코펜하겐 블루 플루티드 플레인 제품과 매우 비슷하다.

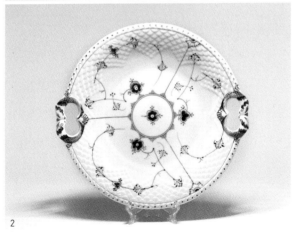

1 빙앤그뢴달 버터플라이

2 빙앤그뢴달 블루 플루티드 서빙 접시(101번)

9장

특별한 아름다움

네덜란드 역사학자 요한 하위징아Johan Huizinga(1872~1945)는 1938년 저서 『호모 루덴스Homo Ludens』에서 동물이 인간보다 먼저 놀이를 시작했고 놀이는 문화보다 오래됐으며 놀이를 통해 문화가 발전했다고 주장한다. 하위징아에 따르면, 놀이의 모든 특성을 지닌 음악과 달리 조형예술은 물질적 제약으로 인해 자유로운 놀이가 어렵다. 근면, 인내, 재능이 필요하고 실용적 목적을 띠므로 비놀이적인 면이 강하다. 하지만 조형예술이 의례에서 중요한 의미를 가지므로 그 작품을 만들고 감상하는 과정에서 놀이의 특성을 발견할 수 있다. 요컨대, 조형예술은 놀이이면서 놀이가 아니기도 하다는 말이다. 그 이유는 바로 부자유와 목적성이다. 하지만 부자유와 목적성을 견디며 만들어낸 창조적이고 훌륭한 조형예술 작품일수록 놀이와 유희의 특성을 더 많이 지닐 수 있으므로 그럴 만한 가치는 충분히 있다.

한번은 도자기 제작 체험을 하려고 동네 공방에 들렀다. 뭘 만들어야 할지 딱히 떠오르는 게 없어 로열 코펜하겐 1197번 제품을 모방해 만들기로 했다. 하지만 물레를 돌리는데 꽃병 반죽이 자꾸 무너졌다. 무너지면 쌓고 무너지면 또 쌓고 하는 과정이 생각보다 힘들었다. 하위징아의 말대로 조형예술은 근면과 인내 속에 완성된다. 물론 재능(손재주)도 필요하다. 단순히 재현하는

로열 코펜하겐 블루 플루티드 풀 레이스 스네일 베이스snails vase(1197번)

것도 이렇게 어려운데 새로운 아름다움을 창조하는 과정은 얼마나 힘들고, 아울러 즐겁고 보람있을까? 그 어려움을 견딘 이들의 열정과 상상력 덕분에 우리는 특별하면서도 보편적인 놀이와 유희가 담긴 작품들을 만날 수 있다.

특히 자연과 인간의 순수한 상태에서 영감을 얻어 만들어진 작품들은 초월적인 보편성을 띤다. 화가 이중섭(1916~1956)의 「봄의 아동」(1952~1953년)과 국립중앙박물관에 소장된 '청자 상감 포도 동자 무늬 주자'를 한 공간에서 만나면[17] 두 작품이 마치 한 작가의 작품인 것처럼, 또는 서로 직접적인 영향을 주고받은 것처럼 보인다. 심지어 아이들과 자연물을 그린 그림체와, 그림을 새긴 기법까지 비슷하다.

동서양을 막론하고 자연을 모방한 작품들에는 피할 수 없는 공통점이 드러나게 마련이다. 로열 코펜하겐 블루 플루티드 풀 레이스 에스프레소 컵과 받침 세트(1037번)의 가장자리 장식 문양을 보면 「일월오봉도日月五峯圖」의 산과 물이 연상될 수도 있다. 중국의 회화를 그대로 담다시피 한 중국 청화백자의 영향을 받았으니 그럴 만도 하다고 생각할 수 있다. 하지만 자연 속의 형상을 표현하는 방식이 비슷해서 나타나는 유사점으로 보는 편이 더 타당하다. 로열 코펜하겐의 정교한 풀꽃 문양은 조선시대 '백자 청화 모란 무늬 항아리'에서도 찾아볼 수 있다.

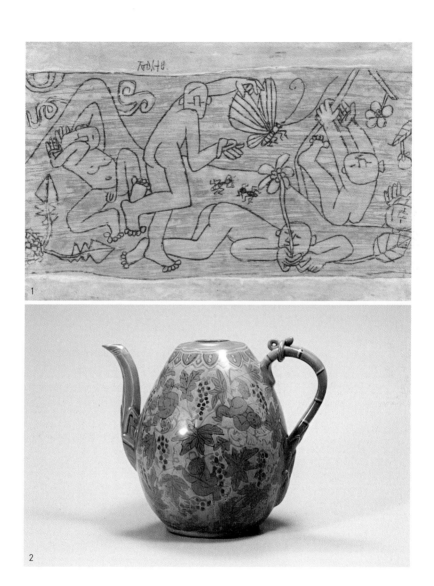

1 이중섭의 「봄의 아동」

2 청자 상감 포도 동자 무늬 주자, 국립중앙박물관

1 블루 플루티드 풀 레이스 에스프레소 컵과 받침(1037번)

2 일월오봉도, 국립고궁박물관

그리고 커피(에스프레소)잔으로는 흔치 않게 밑면에 4개의 굽이 있는데, 커피를 마시는 작은 잔의 안정감을 고려하면 시도하기 어려운 디자인이다. 이것은 향로의 형태에서 유래한 것으로 볼 수도 있다. 향로는 제례에 쓰이는 신성하고 귀한 물건이므로 이 커피잔은 지체 높은 귀족이나 부자들이 선호할 만한 제품으로 만들었을 것이라 추정할 수 있다.

다음 사진에 보이는 로열 코펜하겐 블루 플루티드 플레인 접시와 고려 청자 상감 꽃 풀벌레 무늬 대접을 비교해 보면 전체적인 구성이 묘하게 닮아 있다. 우선 가운데 원 안에 글자가 있으며, 4분할된 위치에 풀꽃이 대칭으로 있고, 가장자리에 다시 원이 그려져 있다. 또한 둘 다 주문 생산된 제품이어서, 로열 코펜하겐 접시 가운데에는 주문자(호텔, 단체, 개인 등)의 이름 이니셜이 붓으로 그려져 있고, 고려 청자 대접 가운데에는 주문자의 이름이나 요청 글자(또는 생산지)가 상감 기법으로 새겨져 있다.[18] 그런데 둘 다 주문자 요청 글자조차 기본 문양과 완벽하게 어울리도록 만들어져 있다. 로열 코펜하겐 접시의 장식체 영문자는 언뜻 보면 원래 있던 풀꽃 문양과 헷갈릴 만하고, 고려 청자 대접의 한자 또한 주위의 풀꽃 그림에 걸맞은 서체와 굵기와 크기로 쓰여 있다. 어찌 보면 당연하지만 곰곰이 생각해보면 놀랍고 감탄스러운 일이다. 너무나 자연스러워서 이상한 느낌을 전혀 받지 못할 정도

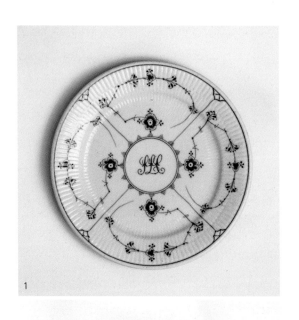

1 로열 코펜하겐 블루 플루티드 플레인 접시

2 고려 청자 상감 꽃 풀벌레 무늬 대접

를 표현해낸다는 것은 사실 가장 높은 수준에 가까운 예술적 경지이다. 그것을 위해 오랜 시간 부자유와 목적성을 견뎌냈을 도공의 모습을 생각하면 존경심이 우러나온다.

두 도자기 모두 중국 도자기의 영향을 받았고, 고려 청자 대접은 로열 코펜하겐 접시보다 500년 이상 먼저 생산됐다. 하지만 제각각의 제작 방식과 스타일로 발전을 거듭하여 최고의 아름다움을 일구어냈다. 미학자 노영덕은 성형 수술 만연에 대해 비판하면서 "헬레니즘 시기에 활동했던 철학자 플로티노스Plotinus는 존재론적 미학으로 미학사에서 독특한 지위를 지닌다. 그는 존재와 미를 동일시했다. 존재 자체가 아름다움이라는 생각이다.…… 보다 더 아름다운 것은 존재성이 충만한 것이다.…… 일차적으로 필요한 것은 자기만의 가치를 추구하는 것이다. 이것은 내가 이 세상에 유일무이한 존재라는 엄연한 사실을 구현해내는 작업이다. 자기만의 가치 창출은 자기 성찰에서 시작된다."라고 이야기했다.[19]

세계적으로 명품으로 손꼽히는 도자기 브랜드들은 '자기만의 가치 창출을 위해 끊임없이 자기 성찰'을 해왔다. 그리하여 다른 것과 비교할 필요나 이유가 없는, 존재 자체가 아름다운 도자기를 만들어냈다.

삶은 자신만의 아름다움을 추구하는 과정의 연속이라 해도 과언이 아니며, 아름다움에 대한 갈망은 근면과 인내를 가능케 하고, 때로는 뼈를 깎는 고통을 수반한다. 예술 작품을 만드는 창조 행위가 대표적이다. 로열 코펜하겐의 대작代作들을 보면 도대체 어떻게 만들었는지 물음표가 그려질 만큼 정교하고 치밀하며, 거기에 들어간 도공의 재능과 노고를 생각하게 된다.

로열 코펜하겐 블루 플루티드 풀 레이스 캔들라브라Candelabra(나뭇가지 모양의 촛대)를 보면 먼저 복잡한 구조에 의문을 품게 된다. 과연 하나의 반죽으로 성형成形하는 것이 가능한지 궁금해진다. 아울러 무게 중심이 잘 잡혀 쉽게 넘어지지 않을지 의심스러워진다.

그래서 직접 전체 구조를 살펴보면, 하부 받침과 가느다란 기둥, 5개의 촛대가 있는 중간 단, 1개의 촛대가 있는 꼭대기 단, 이렇게 3개 부분이 밑면에서 체결되는 볼트와 너트로 고정되어 있다(밑면에서 체결되는 볼트와 너트가 없이 기둥 위쪽에 너트, 중간 단 아래쪽에 볼트가 박혀 있어 직접 체결되는 모델도 있다). 이것이 단단히 고정되지 않으면 살짝 손을 대기만 해도 흔들려 넘어질 것만 같다. 하지만 너트를 너무 세게 조이면 도자기가 깨질 수 있으니 적당히 조여야 한다. 다행히 너트가 일반적인 육각이 아니라 전용 드라이버를 사용해야 하는 얇은 형태라서 웬만해서는 파손 염려가 없어 보인다. 이 너트는 꼭대기 단 1개의 촛대에 박혀 있는 긴 쇠

막대 볼트와 만나 체결된다. 긴 쇠막대는 기둥이 쉽게 부러지지 않게 지지하는 역할도 한다.

각 촛대의 꽃받침 같은 촛농받이와 초꽂이도 각각 분리할 수 있어 청소가 용이하다. 5개의 촛대가 연결된 중간 단은 풀 레이스 구조여서 많은 구멍을 통해 공기가 위로 올라갈 수 있으므로 초 연소에 따른 대류 현상에 방해가 되지 않는다. 하부와 기둥 그리고 중간 단에 장식으로 배치된 사람, 그로테스크, 도마뱀, 풀꽃 넝쿨, 달팽이 등의 피겨린은 뭔가 한 편의 신화나 전설을 들려주는 듯하다. 이 놀라운 캔들라브라는 다름 아닌 아르놀 크로그가 디자인한 작품이다.

둥근 받침 위의 장식을 자세히 살펴보면, 여자아이가 1명이고 남자아이가 2명이다. 이 2남 1녀의 구성은 이런 형태의 받침과 기둥을 지닌 다른 모델에서도 등장한다. 그런데 남자아이들의 모습이 모두 똑같지는 않다. 보통 서양 예술 작품에 등장하는 통통하고 발가벗은 남자아이를 푸토^{putto}라고 하며, 날개를 달고 있는 경우가 많다. 여기에 등장하는 남자아이들은 일반적인 푸토와 달리 부분적으로 동물의 모습을 띠고 있다. 짧은 뿔이 2개이고 짧은 꼬리가 있으며 귀가 날렵하게 생겼다. 염소를 닮았다. 신화에 나오는 반인반수半人半獸의 목신牧神으로 보인다. 그리스 신화에서는 제우스와 님프 사이에서 태어난 판^{Pan}이고, 로마 신화에

블루 플루티드 풀 레이스 캔들라브라(1006번) 세트

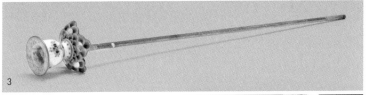

1 캔들라브라 상부

2 캔들라브라 밑면

3 꼭대기 단 1개의 촛대에 박혀 있는 긴 쇠막대 볼트

4 캔들라브라 받침 장식

서는 라티움 왕국의 왕인 피쿠스와 님프 사이에서 태어난 파우누스^{Faunus}이다.

이렇게 해석하더라도 의문은 남는다. 왜 어린 목신이고, 왜 2명이며, 여자아이는 누구인가? 그리스, 로마 신화가 아니라 북유럽 신화나 전설은 아닐까? 뒤에서 소개하겠지만, 목신이 아니라 날개 없는 푸토 2명이 여자아이 1명과 함께 등장하는 제품도 있다. 정확한 내용은 제품 디자이너만이 알겠지만, 중요한 것은 디자이너가 자신의 지식과 재능을 바탕으로 상상력과 서사력을 발휘해 만든 훌륭한 작품이 보는 사람마다 다른 느낌과 생각을 갖게 한다는 점이다. 시나 소설 같은 문학 작품은 물론이고 음악과 미술도 잘 만들어진 명작은 그런 공통점을 지니고 있다.

로열 코펜하겐 블루 플루티드 풀 레이스 스네일 베이스^{snails vase}는 한 덩이로 만들어진 꽃병이다. 도자기를 제작해 본 경험으로 유추해 보건대, 아래쪽 물통 부분과, 위쪽 목과 개구부를 따로 만든 뒤 붙여서 다시 구워 완성한 듯하다. 도자기를 만들 때는 반죽을 손으로 직접 만져 빚거나, 물레에 올려놓고 돌리면서 형태를 잡아거거나, 거푸집(주형)으로 본을 떠 형을 만든다. 어느 방식이든 반죽을 얇고 넓은 형태로 빚는 것은 쉽지 않은 일이고, 그것을 다시 다른 형태와 단단히 그리고 정교하게 이어붙이는 것 또한 숙련된 솜씨가 필요하다. 물론 그림은 형이 완성되고 나서

블루 플루티드 풀 레이스 스네일 베이스(1123번)

설계된 도안대로 그렸겠지만, 접합된 오목한 부분에 세밀한 장식선을 그리는 작업은 매우 고되고 섬세한 붓놀림이 있어야 가능할 것이다.

블루 플루티드 풀 레이스 풋티드 볼$^{footed bowl}$도 아래쪽 굽과 위쪽 그릇을 따로 만든 후 이어붙여 완성한 제품이다. 그릇에 과일이나 케이크를 얹어도 괜찮을지 걱정이 될 정도로 가분수 형태이다. 굽의 사방 4개의 발은 수평을 맞춰 제작하더라도 내려놓는 테이블이나 바닥의 편평도에 따라 쉽게 기우뚱거릴 수 있다. 이런 경우 식탁보나 개인용 식탁 매트를 사용하면 수평을 맞추기가 용이하다. 또한 이를 감안하여 덩치가 너무 크거나 많은 음식을 올려놓는 것은 피해야 한다.

이 우아하고 아름다운 그릇도 아르놀 크로그가 디자인했다. 위쪽 그릇 가장자리를 보면 더블 레이스로 투각^{透刻}된 문양에서 웨딩 드레스의 하단 레이스를 연상하게 된다. 가장 잘록하여 부러지기 쉬운 부분에 고리 형태의 보강 구조를 설계하여 자연스럽게 보이도록 장식 문양을 그려넣은 것도 특별한 아름다움을 만들어낸 비결이라 할 수 있다.

1 블루 플루티드 풀 레이스 풋티드 볼(1011번)

2 블루 플루티드 풀 레이스 풋티드 볼 그릇 안쪽 문양

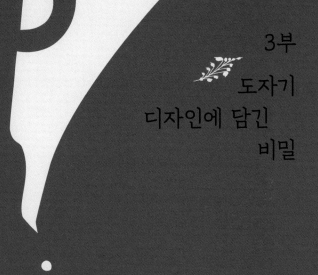

3부

도자기
디자인에 담긴
비밀

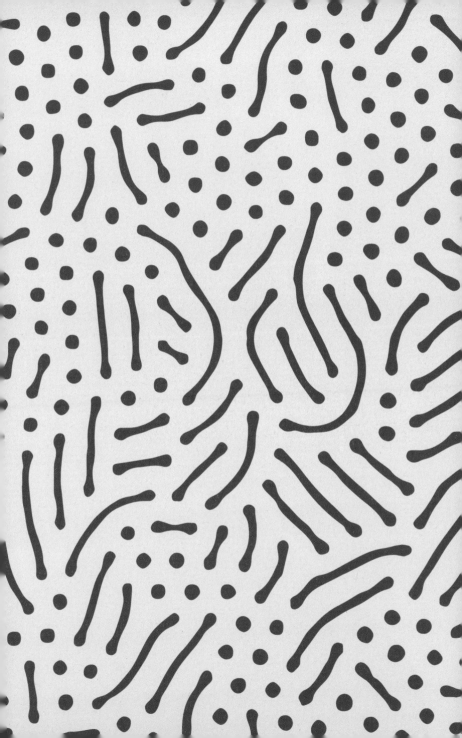

10장

상서롭거나 고상한 문양

'상서祥瑞롭다'는 것은 "복되고 길한 일이 일어날 조짐이 있다"는 것을 의미한다. 동서양을 막론하고 대자연과 숭배 대상의 힘을 두려워하며 점을 치고 복과 행운을 기원하던 시대에는 이롭고 좋은 기운을 지녀서 전령 또는 매개체 역할을 하는 상서로운 것들을 가까이 두고자 했다. 상서로운 것들에는 신화나 전설 속의 가상 존재도 있었고, 자연 속의 다양한 장소나 사물, 동식물도 있었다. 예술가들은 상서로운 것들을 작품에 담아 판매하거나 거기에 표현한 자신의 생각과 신념을 전파했다.

예술가에게 도자기는 평면 또는 입체의 도화지나 다름없다. 그래서 고대부터 수없이 다양한 주제와 소재가 도자기 자체의 입체 형태나 거기에 그려지고 새겨지는 그림을 통해 표현돼 왔다. 그런 그림 중에 현대 유럽 도자기 디자인에 가장 큰 영향을 미친 것은 바로 중국 청화백자에 그려진 그림이라 할 수 있다. 로열 코펜하겐의 초기 블루 플루티드 제품에 그려진 문양도 17~18세기 중국 명나라, 청나라의 도자기에서 유래했다. 당시 유럽에 수출된 청화백자에 그려진 대표적인 무늬는 '산수 무늬'를 의미하는 산수문山水紋이다. 산수문은 산수화를 그대로 옮겨놓은 것이라고 보아도 무방하다.

동양에서 산수문은 자연 숭배와 밀접한 연관이 있다. 농경 문화에서 산수, 즉 자연과 우주는 생존에 직접적인 영향을 미치는 절대적 대상이었고 자연 자체나 거기에 깃든 신적인 존재는 생로병사, 장수長壽, 길흉화복, 풍흉豐凶을 결정하는 권능을 지닌 것으로 여겨졌다. 그러니 초월적 힘을 지닌 자연과 연결되는 것은, 다시 말해 자연의 일부인 산수를 도자기에 담아 늘 곁에 두는 것은 매우 상서로운 일이었다. 또한 도교의 영향으로 산수는 신선이 사는 신령스러운 공간이자 이상향으로 그려지기도 했으므로 산수를 그림으로 곁에 둔다는 것은 정신적 안정과 풍류를 누리며 고상한 취미를 내보이는 것이기도 했다.

송나라(북송) 시대에 산수를 그린 수묵화가 널리 유행하면서 산수화는 단순히 산이나 강을 그린 그림이 아니라 거기에 존재하는 수많은 대상이 공존하는 풍경을 그린 그림으로 자리매김 되었다. 즉 자연과 인간이 조화를 이루고 서로 연결된 정경으로 묘사되었다. 그래서 중국 청화백자 산수문 중에는 산, 강, 호수, 구름, 폭포, 바위, 나무, 풀, 꽃, 날짐승, 들짐승, 곤충 같은 자연 풍경 요소만 등장한 것도 있지만 전설 속 동물, 집짐승, 건물, 배, 사람 등 인간의 삶과 관련 있는 요소가 함께 그려진 것도 많았다. 그 가운데 일부에 초점을 맞춰 따로 그리면 화조문, 화초문(화훼문), 화충문, 인물문, 풍속문, 초충문, 사군자문, 조죽문, 모란문, 연화문, 장생문, 서수문瑞獸紋, 운룡문, 기하문 등이 된다고 해도 과언이 아니다.

18세기 초 독일 마이센은 중국 청화백자의 문양과 크락 양식을 모방해 유럽 최초로 경질 청화백자를 만들어냈다. 초기에는 중국 청화백자를 거의 베끼다시피 했지만 점진적으로 유럽인 취향에 맞게 변형하고 개량하여 독자적인 스타일을 만들어갔다. 특히 크락 양식의 산수문 구도와, 우아한 박고문博古紋의 화풍과 장식 문양이 어우러진 화초문을 많이 그렸다. 그 과정에서 석류를 변형한 양파 패턴 츠비벨무스터Zwiebelmuster와, 국화인 밀집꽃 패턴 슈트로블루멘무스터Strohblumenmuster가 나타났다.

'슈트로블루멘무스터' 패턴은 동인도회사를 통해 유럽으로 수입된 중국과 일본 도자기의 문양을 모델로 1740년에 만들어

1 중국 청화백자, 크락 자기

2 중국 청화백자, 건륭시대

3 마이센 슈트로블루멘무스터

4 로열 코펜하겐 '덴마크 문양'

졌다. 기록에 따르면, 이 패턴은 인도 동부 지역에 서식하는 꽃을 모티브로 하여 '인디언 꽃Indian flower'이라고 불렸는데, 사실은 동양의 모란이나 석류에 대해 알지 못해 상상해서 그린 패턴이었다. 인디언 꽃이 마이센 도자기에 등장한 것은 1720년부터였다. 헝가리의 대표적인 도자기 브랜드인 헤렌드Herend의 '인디어 플라워' 컬렉션에서 같은 명칭을 찾아볼 수 있다. 당시 유럽의 도자기 회사들은 슈트로블루멘무스터를 모방하거나 응용해 나름대로의 패턴을 만들어냈다.

1775년에 설립된 로열 코펜하겐은 도자기 제작 수준을 높이기 위해 마이센 출신을 영입함으로써 마이센 도자기의 형태와 문양을 모방하게 되었다. 따라서 로열 코펜하겐의 초기 문양도 마이센처럼 중국 청화백자에 가까웠으나 유럽에 맞는 선택과 집중을 통해 불과 30여 년 만에 지금과 같은 기본 디자인을 갖추었다.

1779년 로열 코펜하겐은 '덴마크 문양Dansk tegning'을 개발했다. 이 문양은 최고의 언더글레이즈 그림 페인터로 손꼽히는 라르스 한센Lars Hansen(재직 1777~1800)이 만든 것으로 전해지는데, 전체 구도는 슈트로블루멘무스터와 상당히 비슷하지만 세부 요소의 형태와 표현 방식은 크게 차별화됐다.

마이센 슈트로블루멘무스터 접시, 로열 코펜하겐 덴마크 문양 접시, 중국 청화백자 접시, 이들 모두 크락 양식을 따라 균등

하게 대칭형으로 분할된 화면의 중앙에 창이 있다. 그리고 모두 가장자리에 원이 둘러싸고 있고, 가운데 창과 분할된 면 각각에 화초문이 있다. 중국 청화백자 크락 자기의 가운데 창 문양은 땅, 바위, 모란, 난, 풀, 새, 곤충 등이 함께 있어 크게 산수문으로 볼 수 있다. 그 가장자리에는 모란과 국화가 그려져 있다. 건륭시대 (1736~1750) 청화백자 접시는 화면 분할이 선으로 되어 있지 않지만 4분할된 구도가 눈에 띈다. 노르웨이의 도자기 연구자인 레우리츠 도렌펠트Lauritz G. Dorenfeldt에 따르면[20] 로열 코펜하겐의 블루 플루티드 디자인에 영향을 미친 것은 중국 건륭시대 도자기였다.

전형적인 크락 양식을 따른 중국 청화백자의 문양은 대개 화면이 많은 조각으로 분할됐고, 분할된 면 각각에 대칭형 또는 비대칭형으로 다양한 요소가 배치됐으며, 가운데 창 안에는 기하적 그림보다 산수문 같은 회화적 그림이 주로 그려졌다.

산수문은 상서롭거나 도교적인 경향이 있으며 대체로 기복祈福의 의미를 담고 있다. 산수문이나 화초문에서 기복의 의미로 등장하는 대표적인 꽃이 모란꽃이다. 모란꽃은 꽃 중에서 가장 아름다운 꽃이라 하여 '화왕花王'으로 불렸으며, 중국 청나라 (1636~1912)의 국화國花이기도 했다. 또한 부귀화富貴花로 여겨져 꽃이 필 때면 '장안長安의 화제'가 되었고 혼수용 침구에 자수로 새겨지거나 병풍에 단골로 그려지기도 했다.

중국 청화백자 크락 자기에 그려진 꽃의 형태로 보아 슈트로블루멘무스터('밀집꽃 패턴')의 꽃은 모란꽃과 국화꽃이 섞여 있는 듯하다. 다만 잎과 줄기가 둘 다 같게 표현돼 있어 디자이너나 페인터가 임의로 변형하고 섞은 것으로 추측할 수 있다.

우리나라에도 모란 무늬가 들어간 도자기가 있다. 국보 제98호인 고려 '청자 상감 모란 무늬 항아리'는 동鋼으로 항아리 모양을 본떠 만든 도자기로서, 크고 시원한 모란 상감이 특징이다. 모란꽃 문양에 꽃의 암술과 수술이 표현되어 있는데, 이는 1830~1845년에 생산된 로열 코펜하겐 블루 플루티드 풀 레이스 접시의 가운데 꽃 문양과 비슷하다. 슈트로블루멘무스터의 꽃과도 유사한 부분이 있다.

레우리츠 도렌펠트는 로열 코펜하겐 블루 플루티드에 그려진 꽃이 국화꽃이라고 주장했다. 그런가 하면 영국의 도자기 수집가 겸 『로열 코펜하겐 도자기Royal Copenhagen Porcelain』(1911)의 저자인 아서 헤이든Arthur Hayden(1868~1946)은 그 꽃이 대니시 플라워 Danish Flower, 즉 당시 덴마크 국화國花인 콩과의 붉은토끼풀red clover, Trifolium pratense이라고 주장했다(하지만 국민에게 인기가 없어 1987년 국화과의 여러해살이풀 마거리트 데이지Marguerite Daisy, Leucanthemum vulgare로 국화가 바뀌었다).

청자 상감 모란 무늬 항아리(12세기), 국립중앙박물관

형태상 양지꽃^{cinquefoil, *Potentilla reptans*}이라는 주장도 있다. 양지꽃은 딸기를 닮은 장미과의 여러해살이풀로서 북반구에 널리 분포하는데, 동양의 모란이나 국화에 낯선 유럽인에게 친숙한 유사 형태를 띠고 있다. 실제로 외견상 가장 비슷해 보인다.

그런데 정작 제조사인 로열 코펜하겐은 어느 기록이나 주장도 명확하지 않다고 밝혔다. 다만 로열 코펜하겐의 공식적인 제품 설명에는 국화^{chrysanthemum}라고만 되어 있다. 특정 국화 종種을 명시하지 않고 그냥 국화라고 한 것은 우문현답일 수 있다. 어쨌든 도자기에 문양을 그리는 주체가 국화라고 하니 더 이상의 논란은 필요치 않아 보인다.

한편, 양파 패턴을 의미하는 츠비벨무스터 접시 디자인은 동아시아의 기복 문양, 다시 말해 복을 비는 의미가 담긴 무늬로 이루어져 있다(3장 44쪽 그림 참고). 중심부 창 안에 연꽃, 불수감, 국화꽃, 대나무 등이 조합되어 있다. 가장자리에는 중국 청화백자의 석류와 복숭아를 닮은 양파와 복숭아가 교대로 놓여 있다. 석류와 양파는 모두 중동이 원산지이지만 석류보다 양파가 흔했기 때문인 듯하다. 이 또한 식물에 대한 정보 부족이나 디자이너의 의도에 따라 임의로 구성된 것으로 보인다. 잎과 꽃이 뻗어나온 줄기의 구분이 모호하다. 츠비벨무스터는 로열 코펜하겐 블루 플루티드 문양만큼이나 다양하게 변형되었으며 오늘날까지도 선호되고 있다.

츠비벨무스터 접시에 등장하는 복숭아는 동서양 모두에서 비교적 익숙한 과일이다. 복숭아는 중국의 '삼천갑자 동방삭^{三千甲子 東方朔}' 설화에서 불로장생^{不老長生}의 과일로 등장한다. 상상의 산인 곤륜산 서쪽에 사는 서왕모^{西王母}는 천상의 복숭아 과수원인 반도원^{蟠桃園}을 운영하고 있었다. 반도원의 '하늘 복숭아' 천도^{天桃}는 1개를 먹으면 1천 갑자인 6만 년을 살 수 있었다. 전한^{前漢}시대 문인 동방삭(BC 154?~BC 93?)은 서왕모가 무제^{武帝}에게 보낸 천도를 가져가다가 탐욕을 이기지 못해 '배달 사고'를 내고 말았다. 천도 3개를 훔쳐먹은 동방삭은 3천 갑자인 18만 년을 살게 되었다. 『서유기^{西遊記}』의 주인공인 손오공은 반도원 경비로 일하면서 실컷 훔쳐먹어 아예 불로불사^{不老不死}하게 되었다.

복숭아에는 귀신과 재액^{災厄}을 막는 힘이 있다고 여겨지기도 했다. 그래서 정신질환자를 복숭아 나뭇가지로 때려 치료하려다 죽이는 일까지 벌어졌고, 제사 때 조상신이 오지 못할까 봐 마당에 복숭아나무를 심지 않기도 했다.

국화는 대부분 동아시아가 원산지이지만 유럽이 원산지인 종도 있어 유럽인에게 낯설지 않은 식물이다. 특히 북유럽, 동유럽에 서식하는 종도 있어 도자기 페인터들이 알아보기 쉬웠을 것이다. '황금빛 꽃'을 의미하는 그리스어에서 유래한 영어 명칭

chrysanthemum에서 알 수 있듯 국화는 원래 노란색인데 개량되어 흰색, 빨간색, 보라색 꽃도 재배되어 왔다. 중국에서는 기원전 15세기부터 재배되었고 군자의 덕목을 지닌 사군자四君子 중 하나로 문인이나 예술가에게 오랫동안 널리 사랑받았다. 국화와 함께 사군자 중 하나인 대나무는 유럽이 원산지인 종이 없고, 주로 열대와 온대에 속하는 아시아와 아프리카 지역에 서식한다.

인도가 원산지인 연꽃은 18세기 말이 되어서야 유럽에 도입되었다. 그래서 츠비벨무스터 접시에 그려진 연꽃은 사실 유럽인에게 수련꽃으로 오인됐을 수 있다. 연꽃과 수련은 비슷해 보이지만 분류학상 완전히 구분된다. 연꽃은 줄기와 잎이 수면 위로 높이 자라오르지만 수련은 잎이 수면에 거의 닿은 채 자란다. 동양에서 연꽃은 불교를 상징하는 꽃이다. 진흙 속에서 아름다운 꽃을 피우기에, 깨달음을 얻은 부처를 나타낸다. 그래서 부처와 보살이 앉아 있는 연화좌蓮華座나 사찰의 기와를 비롯한 불교의 수많은 것들이 연꽃 문양으로 장식된다. 불교 신자들은 연꽃을 보며 부처나 보살에게 감사하고 소원을 빈다. 하지만 기독교 중심의 유럽인에게 연꽃이 그런 의미로 받아들여졌을 리 없다. '부처의 손가락을 닮은' 열매를 맺는 귤속屬 식물인 불수감佛手柑도 마찬가지다. 따라서 연꽃이나 불수감은 다른 친숙한 대체 식물로 여겨져 표현되거나 단순히 문양 패턴으로 모방되었을 가능성이 높다.

과육 속에 많은 씨앗이 있어 동양과 지중해 문화권 모두에서 다산과 풍요를 상징했던 석류가 쉽게 양파로 바뀐 것만 봐도 중국 청화백자에 그려진 문양이 북유럽인에게 같은 의미로 다가오지 않았음을 유추할 수 있다.

경제학자 출신인 도예가 이기영의 『민화에 홀리다』에 따르면, 도자기에 그려진 꽃은 대부분 상상의 꽃이다. 로열 코펜하겐 블루 플루티드의 꽃 문양은 민간 기복 신앙이나 유교, 불교, 도교 사상 등이 담긴 동양의 청화백자에서 유래했다. 하지만 너무나 다른 문화권에서 들어온 것이라 사실상 모방과 재해석 과정에서 상상으로 만들어진 것이라 볼 수 있다.

각설하고, 앞에서 언급한 중심부 '창窓'이 네모나 원이 아닌 것도 있다. 이를테면 능화창菱花窓처럼 꽃의 형상을 띤 창도 있다. 능화는 물속에서 자라는 마름과科의 한해살이풀인 '마름'의 꽃, 즉 '마름꽃'을 의미한다. 능화는 꽃잎이 4개이며, 만개하면 거의 정사각형을 띤다. 그래서 마름은 마름모의 어원이기도 하다. 과거에 한자어인 능형菱形(마름 모양)으로 불리다가 우리말로 순화되어 마름모로 불리게 됐다. 능화창은 정사각형 모양의 마름모가 아니라, 활짝 핀 능화의 꽃잎 4개가 붙어 있는 모양을 일컫는다.

고려 '청자 집 사람 무늬 납작 항아리'의 몸통을 보면 위쪽 개

백자 청화 불수감 무늬 대접, 국립중앙박물관

1 고려 '청자 집 사람 무늬 납작 항아리'의 납작면, 국립중앙박물관

2 고려 '청자 집 사람 무늬 납작 항아리'의 볼록면, 국립중앙박물관

구부와 아래쪽 굽을 구분하는 경계선이 있고, 가운데 마름모 형태의 능화창 안에 집과 사람, 새와 나무가 상감되어 있다. 능화창을 경계로 그 안의 새로운 세계를 들여다볼 수 있다. 창 안의 물가에 새들이 노닐고 있고, 그 위로 다른 새들이 앉아 있는 버드나무가 늘어져 있으며, 그 풍경을 누군가 혼자 정자 마루에 앉아 물끄러미 바라보고 있다. 이 항아리는 둥글지 않고 양쪽이 납작한데, 능화창이 납작한 양쪽에 대칭형으로 새겨져 있다. 능화창 좌우의 볼록한 바깥쪽에는 넝쿨 식물로 보이는 풀꽃이 장식되어 있지만 양쪽이 복사한 듯 똑같지는 않다.

능화창 위쪽 끝의 개구부 경계에는 점이 찍힌 작은 원들이 가로로 연달아 이어진 무늬가 있다. 비즈^{beads} 목걸이가 연상되는 이 '구슬테 무늬'를 '연주문連珠紋'이라고 한다. 연주連珠는 '구슬을 꿰다'라는 의미이다. 연주문은 페르시아에서 유래한 문양이며, 중국을 거쳐 우리나라에까지 전파되었다. 그런데 이 문양이 중국 도자기를 통해 유럽으로 전해졌다. 로열 코펜하겐 하프 레이스의 가장자리 경계 장식 문양은 연주문에서 유래한 것으로 보인다.

로열 코펜하겐 하프 레이스 오벌 아시에트^{oval assiette}(타원형 접시)의 가장자리 경계에는 얼핏 비즈 목걸이처럼 보이는 무늬가 있다. 그런데 크게 확대하거나 자세히 들여다보면 원처럼 동그랗

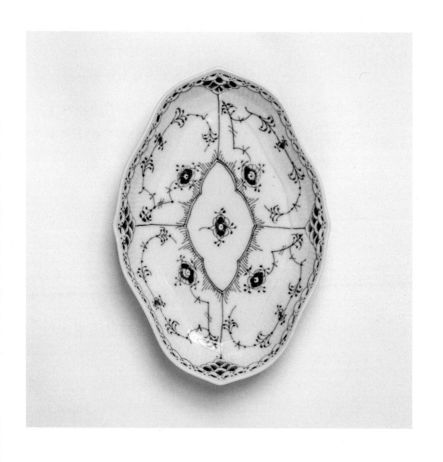

로열 코펜하겐 하프 레이스 오벌 아시에트(551번)

게 구분된 구슬 모양들이 이어져 있지 않다. 구슬 사이의 경계가 5개의 세밀한 점으로 나뉘어 보일 뿐, 바깥쪽 둥근 외곽선도 없다 보니 사실상 비즈 목걸이라 보기 어렵다. 그래도 직관적으로 연주문이 연상되게 그려진 것만은 분명하다. '5개의 세밀한 점'은 서양에서 상서로운 식물인 겨우살이^{mistletoe}의 반투명한 열매에서 보이는 5개의 점을 닮았다.

그런가 하면 로열 코펜하겐 풀 레이스나 더블 레이스의 가장자리 투각 문양 장식 또한 연주문을 연상시킨다. 구슬 모양 그림을 그린 것이 아니라 구슬 모양 구멍을 뚫어 한 줄로 이은 듯한 인상을 준다. 물론 이것은 다음 장에서 이야기할 레이스와 구분된다.

블루 플루티드 플레인 접시에는 면을 4분할하는 지름 선이 가장자리 선과 만나는 지점에 박쥐 날개 문양이 그려져 있는데, 하프 레이스 타원형 접시에는 여섯 개의 물고기 비닐 문양으로 대체되어 있다. 이 문양에서 안쪽으로 뻗은 선을 따라 중심으로 이동하면 한가운데에 국화꽃 한 송이가 놓여 있다. 검이불루 화이불치儉而不陋 華而不侈라 했던가. 소박하지만 누추하지 않고, 화려하지만 사치스럽지 않다.

'청자 집 사람 무늬 납작 항아리'와 로열 코펜하겐 하프 레이스 타원형 접시는 특별한 공통점이 있다. 바로 능화창이다. 둘 모두 능화창이 그려져 있고 그 안에 중요한 대상을 담고 있다. 그런데 로열 코펜하겐 타원형 접시는 접시 자체의 형태가 능화창 모양이다. 중심의 풀꽃을 품고 있는 능화창이 그대로 확장되어 가장자리까지 감싸고 있는 듯하다. 로열 코펜하겐 디자이너의 탁월한 안목과 상상력에 감탄하게 된다.

도자기에서 식물 무늬가 풀이나 꽃을 직접적으로 표현했다면 동물 무늬는 동물의 일부를 비교적 간접적으로 표현했다. 조선시대 '백자 철화 용 무늬 항아리'의 몸통에 그려진 무늬는 연주문과 비슷해 보이지만 용의 비늘 무늬이다. 동아시아 도자기에서는 종종 용의 머리와 다리가 생략되곤 했다. '백자 철화 용 무늬 항아리'의 비늘 무늬는 로열 코펜하겐 블루 플루티드 하프 레이스의 비늘 무늬와 비슷해 보이기도 한다. 로열 코펜하겐은 공식적으로 밝힌 바와 같이 파도나 물고기 비늘을 소재로 한 여러 가지 문양을 만들어냈는데, 백자에 그려진 용이 기본적으로 물속에 사는 데다 파충류나 어류와 비슷한 비늘로 덮여 있기 때문일 것이다. 하지만 로열 코펜하겐의 비늘 무늬가 용의 비늘에서 유래했다고 보기는 어렵다.

중국 청화백자에는 비늘 무늬처럼 반복적인 여러 가지 기하 패턴이 등장했고, 이것은 유럽 도자기에서 모방이나 변형이 되어 다양한 장식 요소로 이용되었다. 거북 등껍데기의 육각형 기하 무늬에서 유래한 귀갑문龜甲紋은 장수, 상서祥瑞, 선수仙獸를 의

백자 철화 용 무늬 항아리, 개인 소장품

미했다. 귀갑문은 개별적으로 쓰이기보다 반복적으로 이어진 무늬로 사용돼 귀쇄문龜鎖紋이라고도 불렸다. 그런데 귀갑문은 벌집 문양과 모양이 같아서 육각형 무늬가 어느 것에서 기원한 패턴인지 밝히는 문제는 간단치 않다.

보배 무늬도 도자기의 가장자리, 개구부, 굽 부위를 장식하는 기하적 문양으로 그대로 또는 변형되어 이용된 경우가 많았다. 청나라 전성기인 건륭시대 청화백자 접시와, 비슷한 시기 로열 코펜하겐 블루 플루티드 하프 레이스 접시에서도 그런 연관성을 찾아볼 수 있다. 보배 무늬는 길상문吉祥紋이다. 특히 칠보문七寶紋과 팔보문八寶紋은 불교에서 나온 문양으로서 도자기를 비롯한 동양 예술 작품에서 많이 등장하는데, 각 문양의 전체나 부분이 유럽 도자기에서 그대로 또는 변형되어 장식 요소로 활용된 것으로 짐작할 수 있다.

칠보문은 고려 청자에서도 볼 수 있다. 국보 제95호인 '청자 투각 칠보문 뚜껑 향로'는 불교 제례 때 사용된 향로로, 칠보문이 투각된 뚜껑의 구멍에서 연기가 피어오르게 만들어졌다.

팔보문과 칠보문 외에 복록福祿을 기원하는 의미로 정물을 그린 박고문博古紋도 있다.[21] 박고문이란 옛 물건을 그린 고기물古器物 그림을 중심으로 문방구, 팔보, 화초, 여타 정물 등 다양한 소재를 함께 그린 문양을 말한다. 대체로 섬세하고 우아하여 문인 취

팔보문의 종류	이미지	상징 의미
꽃병		풍요, 부처의 몸
끝없는 매듭		부, 행운, 장수
두 마리 물고기		행복, 풍요, 자유
연꽃		순결, 평화, 열반
깃발		승리, 지배, 충성
양산		보호, 충성, 우주, 숭고, 자비
하얀 소라 고둥		힘, 권위, 바다, 부처의 목소리
황금 수레바퀴		창조, 주권, 보호, 태양

청자 투각 칠보문 뚜껑 향로, 국립중앙박물관

향의 분위기를 연출한다. 명나라 말기부터 청나라 때까지 유행하여 17~18세기에 시누아즈리 열풍을 타고 유럽으로 박고문 자기가 많이 수출되었으며, 독일 마이센과 네덜란드 델프트를 비롯한 유럽 도자기에 지대한 영향을 미쳤다. 로열 코펜하겐 초기의 꽃병이나 접시에서도 그 영향을 쉽게 찾아볼 수 있다.

11장

기하적이거나 우아하거나 위험한 레이스

기원전 8세기경에 살았던 그리스 시인 호메로스가 쓴 서사시 『오디세이아』에는 '세이렌의 노래'가 흐른다. "자! 이리 오세요 / 칭송이 자자한 오디세우스 님 / 아카이오이족의 위대한 영광이시여! / 이곳에 배를 세우고 우리 자매들의 목소리를 들으세요 / 우리 입에서 감미롭게 울려퍼지는 목소리를 듣기 전에 / 검은 배를 타고 이 옆을 지나간 사람은 아직 아무도 없답니다."

로열 코펜하겐 블루 플루티드 컬렉션에서 꽃 문양만큼 중요한 역할을 하는 문양이 있다. 바로 가장자리를 장식하는 기하적 레이스lace이다. 시선을 붙드는 그 화려하고 우아한 모습에 끌리지 않는 사람은 없을 것이다. 블루 플루티드의 정교한 기하적 레이스는 매혹 그 자체다.

그 매혹적인 레이스에 빠져들다 보면 신화 속 세이렌^{Siren}이 떠오른다. 『오디세이아』에 등장하는 님프 세이렌은 새의 몸에 여인의 얼굴을 지닌 팜므 파탈(치명적인 여인)이다. 아름다운 얼굴의 여인들이 부르는 매혹적인 노랫소리에 그 주위를 지나가던 뱃사람들이 넋을 잃어 결국 목숨까지 잃고 만다. 로열 코펜하겐 블루 플루티드의 매혹적인 레이스는 세이렌의 노랫소리처럼 도자기 애호가들의 영혼을 사로잡는다. 그 마력에서 벗어날 수 있는 사람은 오디세우스와 그의 부하들만큼이나 드물다. 몸을 묶고 눈을 가려야 할 정도이다.

노르웨이의 도자기 연구자인 레우리츠 도렌펠트에 따르면[22] 로열 코펜하겐 블루 플루티드 풀 레이스 접시 1135번은 아트 디렉터 아르놀 크로그가 바구니에서 영감을 얻어 만든 제품이라고 한다. 풀이나 나무껍질을 엮어 만든 바구니의 기하적 직물 무늬를 따라 투각된 정교한 레이스와 세밀한 블루 페인팅은 로열 코펜하겐 장식 문양의 백미이다.

이 레이스는 '패시네이터^{fascinator}'의 장식망을 연상시킨다. 16세기 르네상스 시대 말부터 유럽 기독교 여성들에게 머리 장식을 하는 관례가 있었다. 챙 넓은 모자나 뜨개질한 고급 천, 후드, 깃털 등을 장식에 이용했는데, 현대로 오면서 이것에 '패시네이터'

1 블루 플루티드 풀 레이스 접시(위 1135번, 아래 1098번)

2 블루 플루티드 풀 레이스 손잡이 달린 과일 그릇(위, 1052번)과
블루 플루티드 풀 레이스 접시(아래, 1135번)

라는 명칭이 붙었고 모양도 챙 없는 작은 모자 형태로 바뀌었다. 그리고 거기에 레이스 놓인 베일^{veil}이나 성긴 망을 장식으로 달아 얼굴에 내리기도 했다. 이 레이스 장식망의 우아한 무늬가 블루 플루티드 풀 레이스의 장식 문양과 닮았다.

건축가로 활동하다가 도자기 디자이너 겸 공예가로 변신한 아르놀 크로그는 도자기의 평면 구조뿐만 아니라 입체 구조에서도 개선과 혁신, 창조를 이루어냈다. 특히 비례와 대칭에 의한 기하적 조화로움과 미감을 접시, 그릇, 꽃병 등 다양한 도자기에 구조와 그림으로 구현해냈다. 이것은 일반 도공이 아니라 건축가이면서 화가이기에 가능한 일이었다.

로열 코펜하겐 블루 플루티드 풀 레이스 프루트 볼 위드 핸들 fruit bowl with handles은 손잡이 달린 과일 그릇(1052번)으로서, 마치 아래에 있는 블루 플루티드 풀 레이스 접시(1135번)를 변형하여 입체 구조의 건축물로 변신시킨 것처럼 보인다. 옆으로 펼쳐졌던 투각 레이스가 둥글게 위로 솟아올라 고대 로마의 원형 투기장인 콜로세움이 된 듯하다. 그 콜로세움의 아래 외벽에는 풀꽃 화초문이 대칭형으로 펼쳐져 있다.

기하적 레이스의 아름다움이 잘 드러난 다른 제품으로 블루 플루티드 더블 레이스 접시 1144번을 꼽을 수 있다. 수작업으로 만든 도자기라는 것이 믿기지 않을 만큼 대칭과 균형이 잘 맞고

1 블루 플루티드 더블 레이스 접시(1144번)

2 블루 플루티드 풀 레이스 과일 그릇(1059번)

섬세하다. 이것은 분명히 기하학을 바탕으로 정밀하게 설계한 도안에 맞춰 정확하게 조형하고 페인팅한 결과일 것이다. 마치 가운데의 아름다운 둥근 섬에 사방으로 달려드는 파도와 물고기떼를 보여주는 듯하다. 물결 무늬나 비늘 무늬는 우리나라를 비롯한 동양의 도자기나 회화에서도 흔히 볼 수 있다.

전체적인 형태와 구도로 볼 때 능화창과 귀갑문이 아름답게 조화를 이룬 듯한 이 더블 레이스 접시의 가장자리 부위 문양은 네덜란드의 판화가이자 디자이너인 마우리츠 코르넬리스 에스허르^{Maurits Cornelis Escher}(1898~1972)가 그린 수학적이고 형이상학적인 모자이크 패턴 테셀레이션^{Tessellation}을 연상시키기도 한다. 기하학을 포함한 수학을 공통 언어로 하여 만들어낸 디자인이기 때문일 것이다.

위의 1052번과 1135번 모델의 유사점처럼, 블루 플루티드 풀 레이스 프루트 볼^{fruit bowl} 1059번은 더블 레이스 접시 1144번을 변형하여 가장자리 부분을 위로 세운 듯하다. 세로로 긴 쪽의 양쪽 끝이 뾰족하게 솟아올라 손잡이처럼 이용할 수 있다. 다만 1059번은 위에서 보면 귀갑문과는 거리가 멀고 타원형으로 변형된 능화창 모양이며, 1144번과 짝을 지우기 위해 의도적으로 만든 디자인은 아니라서 세부적인 유사성은 조금 떨어진다. 그래도 이처럼 레이스를 평면이나 입체로 다양하게 변용하면서 스타일을 지켜나간 것은 탁월한 선택이자 재능이라 할 수 있다. 위의 3쌍으로 엮은 6종의 도자기들은 모두 아르놀 크로그가 디자인했다.

블루 플루티드 풀 레이스 프루트 볼fruit bowl 1012번 모델은 형태와 용도로 볼 때 컴포트comport이다. 컴포트는 18세기부터 유럽에서 과일이나 사탕을 담는 데 사용한 유리 또는 도자기 그릇으로, 윗부분의 그릇은 크고 넓지만 상대적으로 기둥은 가늘고 받침은 작다. 이 도자기에서 가장 눈에 띄는 것은 윗부분의 크고 넓은 그릇일 것이다. 전체적으로 가분수 형태라서 불안한 요소에 본능적으로 시선이 먼저 가기 때문이다. 하지만 넘어질까 봐 크게 걱정할 필요는 없다. 기둥과 받침이 무거워 어느 정도 무게중심을 잡아 유지할 수 있다.

윗부분 그릇에서는 화려하고 우아한 기하적 투각 레이스가 눈길을 사로잡는다. 레이스 자수에서 가장자리에 작은 고리 하나 또는 여러 개를 떠 엮는 장식을 피코picot라고 하는데, 그릇 가장자리에 피코처럼 돌출된 8개의 비늘 무늬 장식은 투각 레이스에 화려함을 더한다. 앞의 9장 끝에서 소개한 '블루 플루티드 풀 레이스 풋티드 볼footed bowl'에 대한 설명처럼 웨딩 드레스의 하단에 달린 우아한 장식처럼 보인다.

그릇 안쪽에는 가장자리 부분의 화려한 투각 레이스에서 넓은

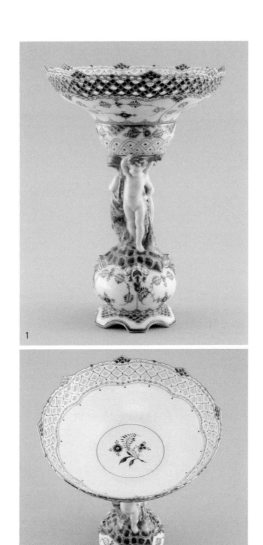

1 블루 플루티드 풀 레이스 과일 그릇(1012번)

2 블루 플루티드 풀 레이스 과일 그릇의 윗부분 문양

여백을 사이에 두고 멀리 떨어진 중심부 원 안에, 로열 코펜하겐의 상징이나 다름없는 풀꽃 한 포기가 온전히 그려져 있다. 이 분위기는 중국 박고문에서 흔히 볼 수 있는 청아한 문인 취향이다.

이 컴포트는 '특별히' 그릇의 아래위 가장자리와 둥근 받침의 일부가 금테두리로 장식되어 있다. '특별한' 주문에 따라 만들어졌기 때문이다. 로열 코펜하겐은 1980년 무렵까지 딜럭스 에디션Deluxe Edition 서비스를 제공했다. 주문자가 서비스 비용을 내면 금테두리 장식을 추가해 주었다. 지금은 특정 한정품이나 기념품만 금테두리 장식을 추가해 특별판Special Editions으로 판매하고 있다. 금테두리가 있는 '올드' 로열 코펜하겐은 수집가나 애호가에게 특별 대우를 받는다.

이 도자기는 윗부분 그릇과 그 아래 받침부가 따로 만들어져 결합돼 있다. 기둥 역할을 하는 3명의 입상立像은 9장에 나온 블루 플루티드 풀 레이스 캔들라브라의 받침 장식에 등장하는 인물들처럼 2남 1녀 구성이다. 다만 남자아이 2명은 목신과 비슷한 모습이 아니라 일반적인 푸토putto(예술 작품에 등장하는 통통하고 발가벗은 남자아이)의 모습이다. 머리카락이 길고 천으로 몸을 살짝 가린 여자아이의 정체는 역시나 알 수 없다. 여자아이와 남자아이 한 명이 함께 들고 있는 천이 자연스럽게 흘러내린 모습과 그 천에 세밀하게 그려진 풀꽃 문양에서 디자이너와 페인터의 섬세함을 읽을 수 있다.

이들이 밟고 있는 무늬는 분명 거북 등껍데기 문양이다. 중국 청화백자의 영향이 그대로 남아 있는 부분이다. 블루 플루티드 풀 레이스 캔들라브라의 받침에서 아이들이 밟고 있는 것은 로열 코펜하겐에서 흔히 사용하는 비늘 문양이다. 그런데 그 아래에 사방으로 있는 그로테스크의 형태는 두 도자기가 거의 동일하다. 이로 보아 거북 등껍데기 문양이 있는 쪽의 괴물 또는 동물 형상을 거북이라고 단정 짓기는 어렵다. 아이들이 밟고 있는 문양은 다른 장식이나 피겨린과 조화를 잘 이루면서 별개로 설정될 수 있는 디자인 요소인 셈이다.

블루 플루티드 풀 레이스 티컵(1130번)과 받침은 블루 플루티드 풀 레이스 커피컵(1036번)과 받침보다 형태나 문양 면에서 선이 더 부드럽고 레이스가 더 부각되어 있다. 후자는 짙은 비늘 문양이 압도하면서 각진 형태를 띠고 있다. 그래서 전자는 여성성이, 후자는 남성성이 강해 보인다.

위의 티컵(1130번) 세트와 커피컵(1036번) 세트는 풀 레이스 모델로 분류된다. 그런데 투각으로 구멍이 뚫린 여타 제품과 달리 어디에도 구멍이 보이지 않는다. 이것은 반죽 자체로 입체적인 레이스를 성형成形하여 표현한 경우이다. 가장자리나 손잡이에서 확인할 수 있다.

1 블루 플루티드 풀 레이스 티컵(1130번)과 받침

2 블루 플루티드 풀 레이스 커피컵(1036번)과 받침

두 제품의 받침을 살펴보면 가장자리의 형태가 귀갑문 또는 벌집 문양의 정육각형을 띠고 있다. 커피컵은 옆면이 균일한 6면이라서 밑면이 정육각형이다. 거기에 그림으로 표현된 풀꽃과 비늘의 레이스 문양도 대칭을 이루도록 배치되어 있다. 두 제품의 받침에서 육각형 꼭지점 6개에 돌출된 피코picot 장식은 앞의 풀 레이스 프루트 볼처럼 레이스의 화려함을 더 부각시킨다.

커피컵의 손잡이에는 그로테스크가 형태와 그림으로 표현되어 있는데, 동양 도자기였으면 용으로 장식되어 있을 법하다. 고려 '청자 상감 물가 풍경 무늬 용머리 손잡이 잔'을 보면 용머리 장식이 손잡이로 붙어 있다.

로열 코펜하겐 도자기 수집가들은 '풀 레이스 커피컵(1036번) 세트'를 '수호신 잔과 세트'라고 부르기도 한다. 강하고 약간은 무서운 형상이라서 액막이와 수호의 의미를 지니고 있다고 여기기 때문이다.

우리나라에도 풀 레이스 티컵(1130번) 받침처럼 레이스가 표현된 도자기가 있다. 조선시대 초기에 화폐와 무기를 생산하느라 구리나 철 같은 금속이 부족해 도자기로 만들었다는 술잔용 제기祭器인 '분청사기 준罇'의 레이스는 특이하다. 위쪽 개구부의 레이스가 바로 밑의 산수문에 맞춰 부드럽고 우아하게 만들어져 있는데, 몸통의 레이스는 마치 그릇 자체를 용의 몸통 삼아 지느

1 청자 상감 물가 풍경 무늬 용머리 손잡이 잔, 국립중앙박물관

2 조선시대 분청사기 준尊, 호림박물관

3 분청사기 상감 모란잎 무늬 톱니 테두리 접시

러미만 돌출되게 만든 듯하다. 궁중 의례용으로 사용하기에 적합한 창의적 디자인이다.

'분청사기 상감 모란잎 무늬 톱니 테두리 접시'의 가장자리 레이스는 아르놀 크로그처럼 기하적인 도안을 사용하지 않고도 상당히 균일하고 섬세하게 만들어져 있다. 톱니(거치) 테두리라고 하기엔 도공에게 미안할 정도로 거친 피코^{picot} 하나 없이 선이 곱고 그 자체로 가장자리 마감이 깔끔하게 이루어져 있다. 도공의 신중하면서 숙련된 손놀림이 느껴진다.

12장

단순함과 디테일, 그리고 새로운 변주

영국의 극작가이자 시인인 로버트 브라우닝^{Robert Browning} 이 1855년에 발표한 시집 『남자와 여자^{Men and Women}』에는 르네상스 시대 화가 안드레아 델 사르토^{Andrea del Sarto}(1486~1530)를 기리는 시가 실려 있다. 화가의 이름이 시의 제목이다. 시인은 다빈치, 라파엘로, 미켈란젤로에 비견되는 탁월한 재능을 지닌 화가가 미모의 아내에게 열정을 쏟느라 겉으로는 아름답지만 영성과 영혼이 부족한 작품을 만들어낸 것을 유감스러워한다. 사르토가 아내 루크레치아에게 극(劇)적 독백을 하는 형식으로 쓰인 이 시는 자기 일에 만족하지 못하는 남편이 애증 섞인 말투로 마누라 탓을 하는 것처럼 느껴질 수 있다.

사르토는 아내에게 당신이 치맛자락을 휘둘러도 그릴 수 있을 법한 하찮은 것을 그리는 일에 다른 화가들이 얼마나 열과 성을 쏟는지 아느냐고 묻는다. 그러고는 그런 짓일랑 '덜 하는 것이 더 낫다less is more'고 말하며 은근히 시기심과 자존심을 드러낸다. 이 구절이 사람들에게 회자되면서 의미가 바뀌고 확장되어 미니멀리즘minimalism을 대변하는 말이 되었다. '적을수록 더 좋다', '적은 것이 아름답다', '단순한 것이 아름답다' 등으로 번역되기도 한다.

독일에서 석공의 아들로 태어난 미국 건축가 루트비히 미스 반데어로에Ludwig Mies van der Rohe(1886~1969)도 이 말을 인용한 것으로 유명하다. 그는 최소한의 골격으로 공간의 자유를 극대화하는 미니멀리즘 건축과 디자인의 대가이다. 그는 또한 '신은 디테일에 있다God is in the details'는 말을 한 것으로도 잘 알려져 있다. 사실 이 말은 1969년 《뉴욕 타임스》에 난 그의 부고 기사에 실려 널리 알려졌으며, 그가 처음 한 말도 아니다.

1925년 겨울 독일의 미술사학자 아비 바르부르크Aby Warburg는 함부르크 대학교에서 열린 세미나의 부제를 '신은 디테일에 있다Der liebe Gott steckt im Detail'로 정했다. 르네상스 초기의 이탈리아 미술에 관한 세미나였는데, 그는 하나의 예술 작품을 역사적, 사회적 맥락 속에서 깊이 이해하려면 다양한 문헌을 철저히 연구

루트비히 미스 반데어로에가 설계하고 건축한 '이디스 판즈워스 하우스',
미국 일리노이 주 소재, 1945~1951

해야 한다는 의미에서 이 말을 했다. 아무튼 이 말은 화룡점정畫龍點睛과 통하는 '디테일이 중요하다'는 의미로 미니멀리즘에 많이 인용되었다. 이 말에서 '악마는 디테일에 있다The devil is in the details'는 말이 파생되기도 했다.

로열 코펜하겐 도자기를 중국 청화백자와 비교해보면 단순함과 디테일에 관한 두 명언이 그대로 실현됐음을 느낄 수 있다. 명언을 누가 언제 어디서 했으냐는 별로 중요하지 않다. 명언에 담긴 보편적인 사실이나 가치는 시대와 지역을 뛰어넘기 때문이다. 2천 년 전 고전들이 아직도 우리에게 인생과 세상을 이해시키고 있다.

로열 코펜하겐 블루 플루티드는 화면이 복잡하고 가득 찬 중국 청화백자와 달리 공간 사용을 줄여 여백을 늘리고 묘사 대상의 수도 줄여 '적은 것이 더 아름답게' 표현되도록 했다. 아울러 묘사 대상을 섬세하게 표현하는 데 집중해 '아름다움이 디테일에서 나타나고 완성되도록' 했다.

로열 코펜하겐의 역사에서 가장 중요한 인물은 아르놀 크로그이다. 그는 4장과 5장에서 언급한 것처럼 로열 코펜하겐 도자기의 형태와 문양에 있어 새로운 시대를 열었다. 박고문 스타일의 단순한 화초문에 기하적 레이스를 그림이나 입체로 추가했고, 새로운 언더글레이즈 기법으로 문양과 그림을 더 자연스럽게 표현해냈다.

언더글레이즈 기법은 고대 이집트 시대부터 사용되었지만 고온에서 굽는 경질 자기의 경우 대부분의 안료가 높은 온도를 견디지 못해 휘발되거나 타버려 색 표현에 한계가 있었다. 18~19세기만 해도 재료공학이 발달하지 않아 자연의 색을 표현할 수 있는 경질 자기 안료가 드물었다. 그래서 색감이 풍부한 채색 도자기를 만들자면 어쩔 수 없이 유약 위에 색채 안료로 그린 후 낮은 온도에서 구워야 했다. 화려한 플로라 다니카도 이러한 오버글레이즈overglaze 기법으로 채색하고 구운 도자기이다. 오버글레이즈 기법으로 만들어진 도자기는 언더글레이즈 기법에 비해 내구성과 광택이 떨어지고 변색에 취약하다.

아르놀 크로그는 코발트 안료만 이용하는 기존 언더글레이즈 기법의 색상 한계를 극복하고자 여러 전문가와 교류하며 실험을 거듭했다. 그리하여 푸른색 계열을 표현하는 코발트 안료 외에 크롬으로 녹색 계열을, 금으로 갈색과 붉은색 계열을 풍성하게 표현할 수 있게 되었다. 거기에는 안료 용제와 소성 온도를 조절하는 기술도 필요했다. 또한 동양의 도자기와 회화에서 볼 수 있는 수묵화, 수묵담채화의 느낌을 나타내기 위해 연구한 결과, 농담濃淡과 계조階調(그러데이션gradation)를 자유롭게 표현할 수 있게 되었다. 다양한 붓과 더불어 분무기를 함께 이용한 것이다(아르놀 크로그가 언더글레이즈 기법을 어떻게 개량했는지 상세하게 밝힌 기술 문헌은 찾지 못했다. 다만 유상채(오버글레이즈)와 유하채(언더글레이즈)를 결합한 중국식 두채[4]를 이용하지는 않았으며, 코발트 안료로 푸른색 계열 밑그림을 그리고 유약을 바른 후 구워 거기에 다른 색 안료로 그리고 다시 유약을 바르는 인글레이즈inglaze 기법을 혼용했을 수 있다).

그래서 그릇이나 꽃병에 덴마크의 자연과 풍경을 더 섬세하게 표현할 수 있게 되었고, 피겨린이나 피겨의 채색도 더 사실적으로 할 수 있었다. 개량된 언더글레이즈 기법으로 만들어진 로열 코펜하겐 도자기들은 박람회에서 찬사를 받았고, 타사의 도자기와 확연히 구분되었다. 도자기 회사들이 서로를 모방하여 비슷한 디자인이 흔했던 당시에 밑면의 마크를 확인하지 않고도 로열 코펜하겐의 도자기임을 한눈에 알아볼 수 있었다고 한다.

다재다능했던 아르놀 크로그의 업적은 무수히 많다. 그중 가장 중요한 것을 꼽으라고 하면 역시나 도자기 디자인이다. 로열 코펜하겐 블루 플루티드 제품군은 창립 이래 줄곧 대표 상품의 자리를 지켜왔다. 이것이 유럽의 다른 도자기 회사에서 만든 청화백자와 차별화되는 독자적인 형태와 문양을 갖게 된 것은 아르놀 크로그의 재해석과 리디자인, 그리고 자연에서 건져올린 독창적 디자인 덕분이다.

그중 한 예로, 아르놀 크로그는 박쥐를 도자기 디자인에 이용했다. 그의 '박쥐 날개batwing' 문양 스케치를 보면 접시 가장자리 장식에 그려진 박쥐 날개가 주위의 풀꽃, 장식선 등과 자연스럽게 어우러져 있다. 스케치에 보이는 박쥐 날개 모양이 그대로 그려진 제품이 실제로 생산되기도 했다. 박쥐가 날아다니는 풍경이 그려진 꽃병, 펼쳐진 박쥐 날개가 대칭형으로 그려진 블루 플루티드 접시, 주전자, 잔, 받침, 그릇 등이 한시적으로 생산되었다.

블루 플루티드 플레인 접시는 가장자리가 간결한 선으로 장식되어 있다. 그리고 10장에서 언급한 것처럼, 이 접시에는 면을 4분할하는 지름 선이 가장자리 선과 만나는 지점에 박쥐 날개 문양이 그려져 있다. 삼각형 2개와 마름모 1개로 이루어진 단순한 문양을 '박쥐 날개' 문양이라고 하는 이유는 그 기원이 바로 박쥐 날개이기 때문이다. 주의 깊게 살펴보면 마이센의 슈트로블루멘무스터 접시와 다르게 박쥐 날개 모양을 단순화한 것임을 알 수 있다. 슈트로블루멘무스터 접시의 해당 문양은 삼각형, 마름모의 모양이 명확하지 않고 도형의 외곽선이 바깥쪽으로 볼록하다. 슈트로블루멘무스터 접시를 모방하되 새로운 자연물 디자인을 통해 재해석하고 리디자인한 것이다.

그렇다면 아르놀 크로그는 왜, 어떻게 박쥐를 디자인 요소로 도입하게 되었을까?

때로는 상상이 추론보다 나을 수 있다. 잠시 19세기 말의 아르

1 아르놀 크로그의 '박쥐 날개' 문양 스케치

2 블루 플루티드 '박쥐 날개batwing' 티컵 세트

놀 크로그로 빙의해 당시 로열 코펜하겐의 아트 디렉터가 박쥐 날개 문양을 디자인한 과정을 상상해 보자. 이 과정은 디자인 방법론 중 하나인 '디자인 사고Design Thinking'로 설명할 수 있을 것 같다. 이것은 1950~1960년대 영국과 미국에서 이루어진 '합리적이고 창의적인 디자인 방법'에 관한 논의에서 체계가 잡힌 인지적 문제 해결 절차로서, 이후에 디자인뿐만 아니라 사회와 비즈니스를 비롯한 많은 분야에서 이용되었다. '디자인 사고'에서는 발생한 문제를 확인해서 규명하고 아이디어를 도출한 다음 그것을 토대로 프로토타입(시제품)을 만들어 검증함으로써 문제를 해결한다.

그런데 그 내용을 살펴보면 세상에 없던 것이 아니라 이미 보

디자인 사고

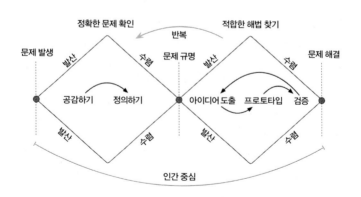

편적으로 유사하게 이용되던 방법을 하나의 이론으로 정립한 것임을 직관적으로 알 수 있다. 아르놀 크로그도 로열 코펜하겐 도자기의 디자인을 혁신하기 위해 '디자인 사고'를 했을 것이다.

아르놀 크로그는 어릴 적부터 조각과 미술에 관심이 있어 도제 수업을 받았고 건축을 전공한 뒤로는 건축가로서 유럽 곳곳을 누비며 활발하게 활동했다. 로열 코펜하겐에 들어가기(1885년) 전에는 이탈리아를 여행하다가 수년간(1878~1883년) 도자기 회사 마졸리카에서 도자기를 공부하기도 했고 시누아즈리, 아르누보art nouveau 같은 당대의 도자기 트렌드도 잘 알고 있었다.

그런데 본업이 건축이었고 지인의 추천으로 갑자기 로열 코펜하겐의 아트 디렉터가 된 아르놀 크로그는 무엇부터 했을까? 1883년 덴마크 자기 회사 알루미니아에 인수되어 쇠락의 길을 걷고 있던 로열 코펜하겐을 부흥시키기 위해 어떻게 해야 했을까?

우선 그는 로열 코펜하겐의 기존 도자기 제품들을 분석했을 것이다. 아울러 경쟁 제품인 다른 도자기 회사들의 제품도 비교 분석했을 것이다. 거기서 핵심적인 디자인 문제를 발견한 다음에는 디자인 요소뿐만 아니라 디자인 구현과 관련있는 다양한 요인을 하나하나(설계, 태토, 주형, 안료, 유약, 페인팅, 소성 등) 분석하여 문제를 구체적으로 규명해냈을 것이다. 그러고는 문제 해결을 위한 아이디어를 도출하여 디자인 시안과 시제품을 수없이 만들고 수정하고 버리고 취하는 과정을 거듭했을 것이다. 그러다 비로소 혁신과 창조라 부를 수 있을 만한 디자인을 구현해냈을 것이다.

그렇다면 박쥐를 선택한 이유는 무엇이었을까? 유럽에서는 전통적으로 박쥐가 불운, 죽음, 악마 등을 상징하여 도자기 문양의 소재로 이용하기에 매우 적절하지 않았을 것이다. 뭔가 특별한 이유가 있었을 법하다.

해답은 의외로 가까이 있었다. 제1차 아편전쟁(1839~1842) 이후 당시 유럽에서는 중국풍을 의미하는 시누아즈리가 다시 붐을 일으키고 있었다. 말하자면 중국 스타일에 대한 호감이 매우 컸다. 그런데 박쥐는 중국에서 상서로운 동물이었다. 새끼를 많이 낳아 다산의 상징이었고, 유교에서 말하는 오복五福, 즉 장수壽, 부富, 건강康寧, 덕 있는 삶攸好德, 제명에 편안히 죽음考終命을 상징하기도 했다. 그래서 가구나 노리개에 빈번하게 등장했고, 도자기에도 많이 그려졌다. 중국과 같은 문화권이었던 우리나라의 유물 가운데 대접, 접시, 항아리, 연적, 병, 합盒, 타호, 타구, 필통, 잔받침 같은 도자기류에서도 박쥐를 흔히 볼 수 있다.

그러니 중국 청화백자에 심취한 유럽인들은 박쥐가 그려진 도자기를 접하면서 박쥐에 대한 거부감이 다소 줄어들었을 것이

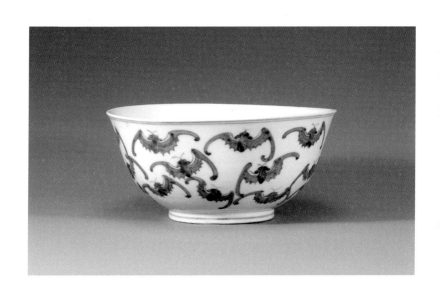

백자 청화 박쥐 무늬 대접, 국립중앙박물관

다. 아르놀 크로그가 박쥐 문양을 적극적으로 이용한 것을 보면 그 영향이 어떤 정도였을지 가늠할 수 있다. 다만, 아르놀 크로그는 패턴화하기에 좋도록 단순화하여 기하적 문양으로 바꾸었다.

로열 코펜하겐에서 박쥐를 사실적으로 묘사한 그림이나 문양이 그려진 도자기들이 한시적으로 생산되고 나서 사라진 것을 보면 중국 도자기보다 더 생생하게 묘사된 박쥐는 유럽인의 식탁에서 받아들여지지 않았음을 알 수 있다. 그래서 아르놀 크로그는 박쥐 문양을 더 단순화시켜 대표 문양의 일부로 융합시켰다. 요컨대, 그는 단순함의 미학을 확장하고 디테일로 아름다움을 완성해 로열 코펜하겐 도자기를 예술 작품 수준으로 끌어올렸다.

아르놀 크로그가 왕실의 영향에서 벗어난 로열 코펜하겐의 정체성을 새롭게 확립한 이후 그것은 확고한 전통이 되었다. 하지만 고인 물은 썩고 시류를 놓치면 낙오하는 법이다. 이것을 모를 리 없는 로열 코펜하겐은 꾸준히 새로운 모습을 보여주기 위해 노력했다.

그럼, 여기서 선택과 집중을 통한 단순화와 디테일로 신선한 디자인을 만들어낸 예를 몇 가지 더 살펴보자.

아르놀 크로그가 1888년에 블루 플루티드 컬렉션의 기본 디자인을 완성한 이후 거의 한 세기 동안 변화가 없었다. 그만큼 그의 디자인이 훌륭했고 그것을 뛰어넘기가 쉽지 않았음을 방증하는 것이라 볼 수 있다.

블루 플루티드 하프 레이스가 출시된 지 90년이 지난 1978년에야 새로운 디자인의 제품이 나타났다. 바로 프린세스^{Princess} 컬렉션이다. 프린세스는 하프 레이스에서 가장자리 문양만 남기고 그 안쪽의 모든 문양을 제거함으로써 백자의 흰색 바탕을 부각시켰다. 크기를 줄이기보다 요소를 줄이는 방식으로 단순화했다. 그러자 제거된 문양이 있을 때 잘 보이지 않던 골^{flute}의 디테일이 흰 바탕 위에 아름다운 음영의 문양으로 돋보이게 되었다. 전체적으로 명칭에 걸맞은 우아함과 여성성이 강조된 디자인이 탄생했다.

로열 코펜하겐 '프린세스 티컵 세트'를 보면 하프 레이스 문양에서 단순히 안쪽의 문양만 제거한 것이 아님을 알 수 있다. 연주문^{連珠紋}을 닮은 가장자리 테두리의 굵은 '점'을 '선'으로 바꿔 눈에 덜 띄게 함으로써 4분할 대칭점에 놓인 비늘 문양이 더 강조되도록 했다. 여기서도 선택과 집중이 이루어졌다.

프린세스 컬렉션은 패턴이 단순화되어 다양한 플레이팅이 가능하다. 청화 문양보다 백자의 흰색이 지배적이어서 음식을 더 돋보이게 할 뿐만 아니라 다른 블루 플루티드 컬렉션과도 잘 어울려 조화로운 식탁을 연출할 수 있다. 물론 다른 브랜드의 도자

로열 코펜하겐 프린세스 티컵 세트, ©낭만엘리스팟

기와도 무난하게 어울린다.

뉴트로newtro는 새로움new과 복고retro의 합성어로 단순한 회귀성 복고가 아닌 현대화된 복고를 의미한다. 2018년경부터 쓰인 소위 콩글리시이긴 하지만 한류 바람을 타고 외국에도 제법 알려진 신조어이다. 뉴트로를 통해 기성세대는 그리운 지난날을 추억하고 신세대는 새로워 보이는 옛것을 즐긴다. 그리움은 창작의 원동력이기도 하다.

로열 코펜하겐의 상징이자 전통이 된 블루 플루티드 디자인은 오늘날 노스탤지어, 즉 향수를 불러일으킨다. 특히 풀꽃 문양은 블루 플루티드 컬렉션의 주인공이나 다름없다. 그렇다면 앞에서 소개한 프린세스 컬렉션과 상반되는 선택으로 디자인한 제품은 없었을까? 다시 말해 풀꽃만으로 향수와 신선함을 일으킨 '뉴트로'한 디자인은 없었을까?

새 천 년으로 넘어가는 2000년에 로열 코펜하겐은 창립 225주년 기념 제품에서 플레인의 친숙한 패턴을 변화시킨 새로운 디자인을 선보였다. 풀꽃을 집중적으로 부각시킨 메가mega 패턴을 새로운 클래식으로 소개했다.

2000년 26세에 갓 입사한 디자이너 카렌 키엘고르 라르센 Karen Kjældgård-Larsen이 디자인한 메가는 2년 후 테이블웨어로 확장됐다. 카렌은 메가 디자인의 콘셉트를 그리움, 향수, 편안함이라는 키워드로 설명했다. 로열 코펜하겐에서는 유례를 찾아보기 어려울 만큼 과감하고, 전통을 새로운 방식으로 변주한 서구적 패턴이다.

이 패턴은 서구식 관점에서 만들어진 것으로 보인다. 심리학자 리처드 니스벳^{Richard E. Nisbett}은 『생각의 지도^{The Geography of Thought}』에서 동양이 전체적 풍경을 보는 데 반해, 서양은 풍경 안의 핵심을 보려는 경향이 있다고 말한다. 일본인과 미국인에게 어항의 물고기를 회상시킨 실험에서 일본인은 미국인보다 물, 바위, 물거품 같은 배경을 더 많이 말했다. 반면 미국인은 물고기로 시작해 배경을 떠올리는 경향을 보였다. 이러한 견해를 바탕으로 생각해 보면, 플레인에서 배경을 제외한 꽃 한 송이에 주목한 뒤 거기서 다시 배경을 제외해 풀꽃에 집중함으로써 메가 패턴이 만들어진 듯하다.

블루 플루티드 플레인이 한 면 내지 겉에만 평면적이고 대칭적인 문양이 있었다면, 블루 플루티드 메가는 겉과 속, 심지어 테두리까지 입체적으로 활용하는 비대칭적 문양을 시도했다. 기존의 세밀한 선 중심의 묘사에서 벗어나 과감한 면 중심의 채색을 한 것도 눈에 띈다. 식탁에서 플레인과 메가를 함께 사용하면 플레인으로는 고전적인 세련미를, 메가로는 현대적인 파격미를 연출할 수 있다.

블루 플루티드 메가 베이비 키트(75번 컵, 575번 볼)를 보면, 기존 블루 플루티드와 달리 회화성이 사라지고 문양의 경계도 없어졌다. 풀꽃을 안쪽과 바깥쪽에 걸쳐 그림으로써 안팎을 가르지 않고 연결했다. 건축 설계와 기하학에 능해 정확한 규칙과 대칭을 애용했던 아르놀 크로그의 디자인에는 없는 문법이다.

블루 플루티드 메가 베이비 키트는 유아동용 식기이다. 75번 컵은 양쪽에 손잡이가 달린 부용컵^{bouillon cup}이다. 프랑스어 부용 ^{bouillon}은 수프나 국물을 의미한다. 어린아이들은 손과 팔의 힘이 부족하고 부주의하여 한 손으로 컵을 잡는 것보다 두 손으로 잡는 것이 안정적이고 안전하다. 손잡이에는 문양을 그리지 않고 옆면에만 풀꽃을 크게 그려서 아이들의 주의가 분산되지 않게 한 것도 디자이너의 세심한 배려라고 할 수 있다.

메가 컬렉션을 보면 단순화나 디테일 구현이 반드시 축소지향적인 디자인 사고에서만 가능한 것은 아니다. 디자인 요소의 수를 줄이더라도 그 크기는 얼마든지 조절할 수 있으며, 그렇게 하더라도 단순함이 약화되거나 디테일이 제대로 표현되지 못하는 것은 아니다.

로열 코펜하겐 하면 블루 플루티드의 풀꽃 문양이 떠오르듯, 청자 하면 푸른 바탕에 흑백 상감으로 새겨진 아름다운 학 문양이 눈앞에 그려진다. 그런데 '청자 철채 백퇴화 연꽃 넝쿨 무늬

1 블루 플루티드 메가 베이비 키트(75번 컵, 575번 볼)

2 청자 철채 백퇴화 연꽃 넝쿨 무늬 매병, 국립중앙박물관

매병'은 청자가 푸른색이라는 고정관념을 깬다. 또한 패턴화된 작은 문양이 어느 정도 규칙적으로 배열될 것이라는 선입관도 깨면서 부정형인 문양을 보여준다.

철채鐵彩는 철 성분이 많이 든 진흙鐵泥을 발라 어둡게 채색하는 기법이고, 퇴화堆花는 초벌구이 후에 백토니白土泥나 자토니赭土泥 안료로 문양을 그리고 유약을 발라 구워내는 기법이다. 철분이 많을수록 철채의 검은색이 짙어지는데, 거기에 흰색 진흙으로 그림을 그리면 대비가 커져 문양이 훨씬 도드라진다. 그래서 특유의 카리스마로 보는 이의 마음을 사로잡는 '청자 철채 백퇴화 연꽃 넝쿨 무늬 매병'은 자연스럽게 '메가'와 '메가 로즈' 컬렉션을 떠올리게 한다.

그렇다면 단순함의 최고 수준은 무엇일까? 아무것도 없는 상태일 것이다. 색이나 문양이 사라진 상태. 미국의 저명한 실험극 연출가이자 극작가인 로버트 윌슨Robert Wilson(1941~)은 "침묵도 소리다"라고 했다. 침묵이 극의 요소인 것처럼 텅 빈 상태도 디자인 요소이다. 1888년에 아르놀 크로그는 화이트 플루티드 하프 레이스와 풀 레이스를 선보였다. 로열 코펜하겐의 트레이드 마크나 다름없는 푸른색 문양이 사라진 두 모델은 아마 당시에 신선한 충격이었을 것이다. 청화백자가 아니라 백자를 만들어냈으니 정체성이 흔들릴 정도였을 법하다. 하지만 거기에는 형상의 디테

1 화이트 플루티드 하프 레이스

2 화이트 플루티드 풀 레이스

3 화이트 플루티드

4 화이트 엘리먼트

일로 빚어낸 문양과 레이스가 있어 단순하면서도 우아한 기품이 살아 있었다.

그로부터 115년이 지난 2003년에는 화이트 플루티드가 등장했다. 새하얀 바탕에 기하적 골^{flute}의 음영만 잔잔하게 파도처럼 일렁여 로열 코펜하겐 도자기가 보여줄 수 있는 가장 단순한 디자인에 이르렀다.

5년 후인 2008년에는 화이트 엘리먼트$^{White Elements}$가 나타났다. 이것은 화이트 플루티드에서 골을 4분의 1만 지워 평평하게 한 후 나머지 4분의 3의 가장자리에 하프 레이스를 추가하고 플로라 다니카의 톱니 모양 테두리를 도입하여 변주한 디자인이다. 푸른색 문양 없이 형상의 디테일만으로 구현해낸 뉴트로 버전이라고 할 수 있다.

로열 코펜하겐의 화이트 컬렉션을 보는 우리나라 사람들은 조선 백자를 떠올릴 법하다. 로열 코펜하겐이 설립되어 기틀을 마련해가던 17세기 말~18세기 초에 만들어진 보물 제1437호 '백자 달 항아리'는 둥근 달을 닮았지만 완전한 구형은 아니다. 반죽이나 성형^{成形}에 문제가 있었는지 한쪽으로 살짝 기울어져 있고 개구부가 굽보다 커서 가분수 같은 불안정한 느낌도 준다. 게다가 옆면에 눌린점, 모래점, 갈색점, 가마흠 같은 결점도 보이고 빙렬도 적지 않다. 빛깔도 로열 코펜하겐 도자기와 달리 순백

백자 달 항아리, 국립중앙박물관

색이 아니라 푸르스름한 기운이 옅게 깔린 우윳빛이다. 전국에 국보나 보물로 지정된 달 항아리가 여럿이지만 모두가 기계로 찍어낸 듯 반듯하거나 고른 모습이 아니다.

그럼에도 불구하고 '백자 달 항아리'는 우리나라에서뿐만 아니라 세계적으로 아름다운 도자기로 손꼽힌다. 영국 대영박물관과 일본 고려미술관에 소장된 것들도 귀한 대접을 받고 있으며, 2023년에는 18세기에 만들어진 '백자 달 항아리'가 미국 뉴욕에서 열린 크리스티 경매에서 456만 달러(약 60억 원)에 낙찰되기도 했다. 생산이 지속되고 있는 도자기 중에 가장 비싸다는 플로라 다니카의 단품조차 수억 원 선을 넘지 못하는 것을 고려하면 놀라운 낙찰가이다.

그렇다면 불완전해 보이는 '백자 달 항아리'가 왜 이렇게 높은 평가를 받는 것일까? 앞에서 '디자인 사고'를 소개했는데, 디자인 사고로 해결하려는 문제는 근본적으로 모두 인간의 문제이다. 따라서 디자인 사고의 지향점은 인간 중심의 디자인이다. 한 치의 오차도 없이 수리적으로 완벽한 디자인이 실용 목적으로 필요할 수는 있지만, 거기에는 불완전하고 불안정한 인간의 마음이 비집고 들어가 공감하고 위로받을 여유가 별로 없다. 단순화와 디테일 구현은 기술 중심의 문명에서 '인간적 요소'를 의도적으로 만들어낼 수 있는 수단 가운데 하나이다. 하지만 그마저도 '인간적임', 그 자체에 이르지는 못한다.

'백자 달 항아리'는 매우 단순한 모습이면서 '인간적임'이 디테일하게 드러나 있다. 제작 과정을 살펴보면 그 이유를 어느 정도 이해할 수 있다. '백자 달 항아리'는 한자로 백자대호^{白磁大壺}, 즉 '백자 큰 항아리'로 불릴 만큼 커서 높이와 몸통 중심 지름이 40센티미터가량 된다. 그래서 물레 위에서 한 번에 만들지 못하고 반씩 나눠 만들어 붙여야 했다. 용적이 큰 용기인 만큼 관상용이 아니라 음식을 담아 나르거나 저장하는 데 쓰일 목적이었니 굳이 아주 고급하게 만들 필요가 없었고, 그렇게 만들기도 어려웠다. 힘없는 아래위 반죽을 말끔하게 이어붙이기가 쉽지 않았고, 이어붙이더라도 구워지기 전까지 모양이 그대로 유지되기 어려웠다. 마르기를 기다리기보다 허물어지기 전에 구워야 하기에 흠이 쉽게 생겼고, 덩치가 크다 보니 가마 속에서 열을 고르게 받지 못해 나중에 부위에 따라 빙렬이 잘 생길 수 있었다.

항아리를 보는 이의 머릿속에 도공의 고된 작업 풍경과 동선이 그려진다. 그릇에 도공의 삶이 오롯이 녹아들어 있다. 그렇게 만들어진 '큰 항아리'는 질그릇의 투박함과 자기의 기품을 함께 지닌, 지극히 인간적인 멋과 품성을 지니게 됐다. 백자 애호가인 화가 김환기(1913~1974)는 이 그릇을 사랑하여, 달을 닮은 듯하다 하여 '달 항아리'라는 이름을 지어주었다.

좋은 디자인은 단순한 요소로 명확한 메시지를 전달한다. 로열 코펜하겐 도자기의 디자인이 그러하듯 우리나라의 청자도 그런 면모를 지니고 있다. 국보 제94호인 '청자 참외 모양 병'은 고려 청자 전성기인 12세기 전반에 만들어진 것으로 추정된다. 고려 인종仁宗의 능에서 '황통皇統 6년'(1146년)이란 연도가 적힌 책諡冊과 함께 발견되었다. 고려 청자에서 흔히 볼 수 있는 상감 혹은 음각(평평한 면에 글자나 그림을 파서 새김) 무늬는 없지만, 색상과 형상만으로 디자인 의도를 충분히 전달하고 있다.

미국의 유명한 재즈 연주자 겸 작곡가인 찰스 밍거스Charles Mingus Jr.(1922~1979)는 이렇게 말했다. "내 아들은 그림을 잘 그린다. 학교 선생님들이 모두 아들한테 천재라고 말한다. 그래서 내가 아들에게 사과처럼 보이는 사과를 하나 그려달라고 했더니, 아들은 사과 같아 보이지 않는 사과를 그려서 보여주었다. 자신이 할 수 있는 것을 하되, 누구나 알아차릴 수 있는 것부터 해야 한다. 단순한 것을 복잡하게 만드는 것은 식상한 일이다. 복잡한 것을 단순하게, 놀랍도록 단순하게 만드는 것, 그것이 바로 창조다."

복잡한 것을 놀랍도록 단순하게 만든 '청자 참외 모양 병'은 창조된 디자인이다. 아무런 그림 장식 없이 고려 청자 전성기의 비색을 띠는 데다, 꽃과 뿌리를 단순화한 다음 참외를 그 사이에 이

청자 참외 모양 병, 국립중앙박물관

은 듯한 형상을 하고 있다. 주형을 사용하지 않고 균형잡힌 형상을 빚는 데에는 숙련된 솜씨와 섬세한 감각이 필요하다. 그리고 목 부분을 자세히 보면 중간쯤에 가느다란 선 3개가 음각으로 새겨져 있어 심심하지 않게 굽 쪽과 대칭을 이루는 문양이면서 흡사 병을 잡는 적절한 위치를 일러주는 듯하다.

다른 과일이 아니라 참외를 선택한 이유는 필시 다산과 풍요를 상징하기 위해서였겠지만, 식상하고 밋밋한 둥근 형태보다 그 안의 내용물이 더 신선하고 탐스러워 보이기 때문일 것이다.

13장

시누아즈리와 로코코의 영향

디자인 전문가 박현택은 『오래된 디자인』에서 "삶을 위한 예술은 있어도 예술을 위한 삶은 없다"고 했다. 예술은 삶과 밀접할수록, 다시 말해 당대의 인간적 요소를 잘 표현할수록 예술적 가치를 높게 평가받는다. 심지어 애초에 예술적 의도 없이 만들어진 것일지라도, 이를테면 고대인의 낙서나 노리개조차도 거기에 깃든 삶과 세계, 표현 기법 등이 예술적 관점에서 분석되고 의미가 부여된다. 반면에 삶과 동떨어진 예술은 널리 공유되거나 오래가기가 어렵다. 모두가 인간의 일이다.

로열 코펜하겐 도자기에는 늘 '예술적'이라는 수식어 따라다녔다. 고로 로열 코펜하겐 도자기는 단순히 도자기 기술자뿐만 아니라 예술가도 함께 참여해 만들었을 것이라는 추측을 할 수 있다. 로열 코펜하겐은 일찍이 덴마크 왕실 도자기 회사로 출발했고 플로라 다니카라는 최고급 도자기를 만들어냈으며 아르놀 크로그를 거쳐 명실상부 덴마크를 대표하는 세계적인 도자기 명품 반열에 올랐다.

덴마크 왕실의 후원으로 시작했기에 처음부터 줄곧 뛰어난 화가, 공예가, 조각가를 비롯한 많은 예술가가 참여했고, 그들은 동시대의 예술 사조와 호흡하면서 로열 코펜하겐만의 예술적 스타일을 만들어나갔다. 건축가이면서 화가인 아르놀 크로그 또한 당대 예술에 관심이 많아 유럽 곳곳을 다니며 두루 견문과 경험을 쌓았다.

그렇다면 로열 코펜하겐은 어떤 예술 사조의 영향을 많이 받았을까? 앞에서 시누아즈리, 로코코, 신고전주의, 아르누보 같은 단어를 간단히 언급했는데 그것만으로는 설명이 부족하다. 그렇다고 모두 상세히 설명하기엔 지면의 한계가 있으므로, 로열 코펜하겐 초기의 디자인 정체성이 확립되는 데 지대한 영향을 미친 시누아즈리와 로코코를 중심으로 좀 더 살펴보고자 한다.

시누아즈리chinoiserie는 대항해 시대에 네덜란드를 위시한 유럽 여러 나라의 동인도 회사를 통해 막대한 양의 동양 도자기, 특히 중국 청화백자가 유럽으로 유입되면서 17세기 중반 이후에 나타난 중국풍中國風의 예술 사조를 의미한다. 건축, 조경, 공예, 인테리어, 문학, 음악, 미술 등 거의 모든 예술 분야에서 중국 스타일을 유럽식으로 해석하고 모방했다.

'중국풍'으로 해석되지만 사실 거기에는 중국, 한국, 일본, 동남아시아, 서남아시아, 심지어 중동까지 아우르는 동양 전체가 포함된다. 당시 유럽인들은 동양에 대한 지리적, 문화적 지식이 부족하여 동양적인 것 전체를 중국 스타일로 뭉뚱그려 받아들였고, 이것은 동양을 유럽 중심으로 해석한 오리엔탈리즘의 원조라고 할 수 있다. 동양 문화에 대한 창조적 수용이라고 할 수도 있고, 동양에 대한 환상을 기반으로 만들어낸 유사 중국 예술이라고 할 수도 있다. 일본 문화의 영향을 받아 19세기 중후반에 유럽에서 유행한 자포네스크Japonesque, Japonisme도 마찬가지다. 시누아즈리는 파급력이 워낙 커서 이후로 계속 지속됐고 그 여파가 오늘날까지 서구에 남아 있다.

시누아즈리의 유행 속에서 만들어진 유럽 도자기들은 처음에는 중국 청화백자를 그대로 베끼다가 차츰 유럽인의 취향에 맞춰 진화했다. 테이블웨어의 경우 기존 유럽식 형태를 따르면서 중국풍의 문양을 도입하는 경향을 보였고 꽃병 같은 장식 도자기들은 대체로 형태까지 모방했다.

시누아즈리가 절정에 달하면서 대중화된 18세기는 후기 바

오스트리아에서 생산된 중국풍 경질 자기 커피포트, 1720년대,
메트로폴리탄미술관

로크라고도 불리는 로코코의 유행과 맞물린다. 로열 코펜하겐이 설립된 시기와도 맞닿아 있다. 로코코^{Rococo}는 자갈, 인조석, 조개껍데기를 이용하는 정원 장식을 의미하는 프랑스어 로카유^{rocaille}와 바로크를 의미하는 포르투갈어 바로코^{barroco}가 결합된 말로서, 로카유 스타일을 조롱하는 의미로 쓰이다가 미술사 용어로 정착됐다.

로코코는 태양왕 루이 14세를 찬양하기 위해 쓰인 엄숙하고 형식적이고 무거운 바로크 양식에 반발하여 생겨났으며 루이 15세 재위기(1715~1774) 동안 프랑스뿐만 아니라 거의 유럽 전역에서 유행했다. 곡선과 정교한 장식을 선호한 것은 바로크와 같으나, 경쾌하고 비대칭이면서 우아한 소용돌이 곡선을 사용하고 꽃으로 장식하고 노란색, 회색, 푸른색 등을 파스텔 톤으로 이용하고 동아시아적 자연과 풍류를 모티브로 한 특징을 지녔다. 이것은 시누아즈리의 특징과 상당히 겹친다. 다만 로코코는 주로 귀족과 부르주아가 향유하여 과시적이면서 사치스러운 경향이 짙었으며, 18세기 말에 신고전주의가 나타나면서 쇠퇴했다. 그래도 그 영향은 지속되어 시누아즈리와 함께 아르누보의 출현에 기여했다.

로코코가 유행한 프랑스에서는 세브르^{Sèvres}가 설립돼 로코코 스타일의 도자기를 생산했다. 1740년 파리 동부의 뱅센

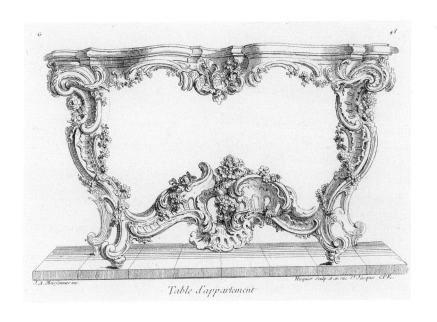

Table d'appartement

프랑스 공예가 쥐스트-오렐 메소니에(1693~1750)가 그린 테이블 디자인, 1730.
로코코 양식이 잘 드러나 있다.

Vincennes 성에 '뱅센 제조소'로 문을 열었다가 1756년 프랑스 북부 세브르의 신축 건물로 이전했으며 1759년 왕실 소유로 넘어가면서 '세브르 왕립 제조소'로 바뀌었다.

세브르는 처음부터 마이센과 경쟁하기 위해 왕실의 후원으로 세워졌다. 루이 15세의 왕비 마리 레슈친스카Marie Leszczyńska(1703~1768)는 열렬한 도자기 수집가로서 뱅센 제조소 설립을 주도하고 거기서 생산된 도자기를 자랑했다.

1751년에는 루이 15세의 총희寵姬이자 역시 도자기 애호가인 마담 드 퐁파두르Madame de Pompadour(1721~1764)가 뱅센 제조소 후원자가 되어 세브르에 공장을 새로 짓고 나중에는 완전히 사들였다. 퐁파두르는 도자기 기술자 외에 화가와 디자이너 등 우수한 예술가를 고용해 세브로 도자기의 수준을 높이고자 노력했다. 그럼에도 세브르에서는 처음부터 연질 자기밖에 만들지 못하다가 1768년 프랑스 중서부 리모에서 고령토를 발견하여 1770년부터 경질 자기를 생산했다. 퐁파두르는 막대한 자금과 인력을 투입하고도 살아생전 세브르의 경질 자기를 구경하지 못한 채 마흔두 살에 결핵으로 세상을 떠났다. 하지만 도자기, 조각, 회화, 인테리어, 문학, 연극, 음악 등 예술 전반에서 로코코가 꽃을 피우게 했다.

그녀는 특별히 연분홍 장밋빛 색을 좋아하여 초상화에도 그

프랑스 화가 프랑수아 부셰(1703~1770)가 그린 마담 드 퐁파두르. 1756년

색이 자주 등장한다. 이 사실을 아는 세브르에서는 1757년 그 색을 입힌 로코코 스타일의 도자기 컬렉션을 만들어 '로즈 퐁파두르Rose Pompadour'라고 명명했다. 그 색은 오늘날 디자인에서 사용하는 색상표에도 '로즈 퐁파두르'라는 이름으로 남아 있다.

시누아즈리와 로코코가 유행하는 가운데 유럽 각국이 중국 청화백자에 버금가는 우수한 도자기를 생산할 수 있는 자국의 공장을 갖는 것에 사활을 걸다시피 했다. 특히 독일 마이센에서 경질 자기를 생산해내면서 더욱 불이 붙어 각국 왕실 주도로 도자기 공장 설립이 추진됐다.

이러한 시대의 흐름을 타고 덴마크 왕실에서도 직접 도자기를 생산하고 싶어 로열 코펜하겐을 세우게 됐다. 그 과정은 프랑스와 비슷했다. 도자기 공장을 세워 운영할 수 있는 민간인에게 독점권을 부여하고 후원하여 왕실에 도자기를 납품하게 하다가 왕실에서 도자기 공장을 아예 매입해 버리는 방식이었다. 당시에 왕실이 도자기 공장을 소유하는 것은 고급 중국 도자기를 소유하는 것만큼 자긍심을 높이는 일이었다.

비교적 후발주자인 덴마크는 독일, 네덜란드, 프랑스, 영국, 이탈리아 등지의 상황을 살피면서 중국 청화백자를 닮은 경질 자기를 만들 수 있는 기술과 표현 기법을 받아들였다. 로열 코펜하겐이 공식적으로 설립된 1775년은 프랑스에서 루이 16세(재위

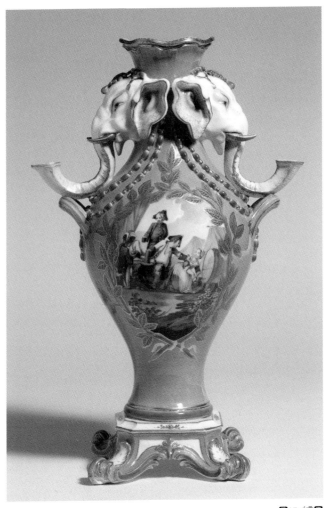

Rose
Pompadour

프랑스 세브르 왕립 제조소에서 만들어진 '촛대 있는 꽃병', 1760년경.
'로즈 퐁파두르' 색상이 입혀져 있다.

1774~1792)가 왕위에 오른 지 1년밖에 되지 않아 로코코와 신고
전주의가 혼재한 시기였다. 물론 시누아즈리의 열기는 지속되고
있었다. 그래서 로열 코펜하겐의 초기 도자기들을 보면 중국 청
화백자를 모방한 마이센 도자기를 다시 모방한 제품과, 로코코
나 신고전주의를 그대로 따른 제품, 기존 유럽 스타일에 중국 스
타일을 재해석해 적용한 시누아즈리 제품이 다양하게 존재한다.

로열 코펜하겐을 대표하는 블루 플루티드 디자인은 시누아즈
리에서 비롯됐다. 근본적으로는 중국 청화백자를 모방했지만
오랫동안의 연구와 변화를 거쳐 철저히 로열 코펜하겐만의 스타
일로 거듭났다. 블루 플루티드의 기본 디자인을 자세히 살펴보
면, 푸른색과 문양 소재와 전체적인 느낌은 중국 청화백자, 형태
와 화면 분할과 가장자리 장식은 바로크, 분할된 면 안의 풀꽃 문
양은 로코코 스타일이라고 할 수 있다. 이것이 시누아즈리다. 시
누아즈리의 유행으로 동아시아의 미술 양식이 유럽에 녹아들었
다. 로열 코펜하겐은 여백과 절제의 미美까지 녹여냈다.

흡사 작고 아담한 잉크병처럼 보이는 두 제품은 모두 테이블
이나 좌석을 안내하는 카드를 꽂는 도자기이며, 각각 블루 플루
티드 플레인 테이블 카드 홀더(495번, 왼쪽)와 블루 플루티드 풀
레이스 테이블 카드 홀더(1185번, 오른쪽)이다. 둘 다 4개의 옆면
중 한 면에 카드를 꽂을 수 있는 홈이 있고, 가운데 개구부에는

블루 플루티드 플레인 테이블 카드 홀더(495번, 왼쪽)와
블루 플루티드 풀 레이스 테이블 카드 홀더(1185번)

꽃을 꽂을 수 있다. 두 도자기를 보고 있으면, 테이블 위의 작은 병에 꽃과 안내 카드가 꽂혀 있는 고급 식당의 풍경이 그려진다.

로열 코펜하겐의 문양을 잘 아는 사람은 한눈에 제품을 알아보겠지만, 도자기 브랜드에 대해 잘 모르는 사람은 두 제품이 중국 청나라 시대의 청화백자라고 해도 믿을 만큼 형태와 문양에서 중국 청화백자의 느낌이 강하게 난다. 시누아즈리는 유럽에서 중국 청화백자의 인기가 얼마나 높았고 그 영향이 얼마나 컸는지 알 수 있는 증거이다.

블루 플루티드 플레인 카바레cabaret 접시는 다과를 제공하는 데 쓰이는 그릇이다. 여기서 '카바레'는 술이나 차를 차려서 내놓는 작은 상이나 쟁반을 의미한다. 이 도자기는 가리비를 펼쳐놓은 모양에다 가운데 경계부에 그릇을 들 수 있는 손잡이가 달려 있다. '블루 플루티드'의 유래가 홍합과 관련이 있으니 홍합을 펼친 모습을 단순화했다고 해도 믿어줄 만하다. 로열 코펜하겐은 바다와 관련된 소재를 많이 이용해 왔는데, 그것이 문양뿐만 아니라 형태로 표현되기도 했다. 조금 확대 해석하자면 여기에도 시누아즈리의 영향이 미쳤다고 볼 수 있다. 시누아즈리는 자연물을 디자인에 더 쉽게, 과감하게, 사실적으로 이용할 수 있게 된 계기였다고 할 수 있다.

블루 플루티드 풀 레이스 케이크 접시(395번)도 바다의 자연

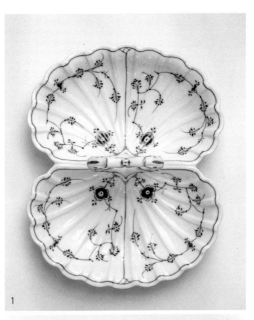

1 블루 플루티드 플레인 카바레 접시(395번)

2 블루 플루티드 풀 레이스 케이크 접시(395번)

물을 닮은 형상이다. 우리나라 수집가들 사이에서 물고기를 닮아 '붕어 접시'라는 재미있는 별칭으로 불리기도 한다. 그런가 하면 나뭇잎을 닮은 접시(1075번, 1077번)도 있다.

14장

블루의 신비와 아름다움

나는 푸른색^{blue 또는 azure}이라고 하면 짙푸른 광물 천람석^{天藍石,} ^{lazurite}이 주성분인 보석 라피스 라줄리^{lapis lazuli}, 즉 청금석^{靑金石}이 먼저 떠오른다. 청금석만큼 푸른색의 본질을 잘 보여주는 물질이 없기 때문이다. 이 보석을 일컫는 동서양의 이름에는 모두 '하늘'이라는 의미가 담겨 있다. 맑은 하늘의 색이 청금석의 색과 같다고 여긴 것이다.

푸른색은 생명의 근원인 물과 바다의 색이면서 만물을 관장하는 하늘과 우주의 색이다. 이에 인간은 절대자의 존재와 영광을 푸른색으로 표현하고자 했고, 왕이나 황제, 교황은 자신의 권능과 위엄을 푸른색으로 과시하려고 했다. 또한 예술가들은 푸른색을 원하는 대로 표현할 수 있기를 갈구했다.

하지만 예부터 푸른색을 표현할 수 있는 재료는 구하기가 쉽지 않았다. 언어학 연구에 따르면, 색상 이름 중 흰색(밝음)과 검은색(어둠)이 가장 먼저 생겨났고 빨간색, 노란색, 녹색 등이 이어서 나타났으며 파란색은 거의 맨 나중에 등장했다. 가장 큰 이유는 푸른색을 표현할 수 있는 안료가 늦게 확보됐기 때문이다.

청금석은 푸른색을 표현하는 데 쓰인 가장 오래된 안료로 알려져 있다. 인더스 문명의 유적에서 발견된 청금석 유물은 기원전 7570년경의 것으로 추정되며, 고대 이집트의 파라오인 투탕카멘(BC 1341~BC 1323)의 무덤에서도 청금석 유물이 출토됐다. 고대 이집트인은 하늘의 색인 청금석을 금이나 은보다 더 높고 귀한 보석으로 여겼다. 그들은 신들의 머리카락이 청금석으로 되어 있다고 믿었다.

청금석이 유럽으로 전해진 것은 중세 말기이며, 르네상스 시대부터 푸른색 안료 '울트라마린ultramarine'의 재료로 쓰였다. 주산지인 아프가니스탄 지역에서 채굴되어 '바다를 건너' 이탈리아로 수입되었기 때문에 울트라마린이라고 불렸다. 하지만 귀한 보석인 데다 분말로 정제하기가 어려워 금값보다 비싸기도 했으므로 널리 쓰이지는 못하고 주로 왕실, 귀족, 교회를 위한 장식이나 공예, 미술 작품 등에 쓰였다.

고대 이집트 신 프타Ptah를 형상화한 청금석 조각, BC 945~BC 600,
메트로폴리탄미술관

네덜란드 화가 요하네스 얀 베르메르(1632~1675)는
「진주 귀걸이를 한 소녀」(1665)의 푸른색을 청금석 안료로 표현했다.

자연물에서 푸른색 안료를 쉽게 구할 수 없다 보니 인공적으로 푸른색 안료를 만들기 위한 노력이 기원전 3000년경 고대 이집트 시대부터 있어 왔다. 구리 성분을 이용해 만든 최초의 합성 안료인 이집트 블루Egyptian blue는 청금석을 대신해 회화, 조각, 공예 등에 널리 사용됐다. 하지만 고대의 제조 기술이 사라졌고, 내열 온도가 1,050도 정도라서 경질 자기 제작에는 사용할 수 없다.

1706년 독일에서 합성된 프러시안 블루Prussian blue는 비싼 울트라마린을 대체하며 세계적으로 널리 쓰인 안료로서 지금까지도 예술, 장식, 화학, 공학, 의학 등에서 중요한 역할을 하고 있다. 청사진을 만드는 안료이면서 중금속 해독제이며 2차 전지 전극 재료로도 쓰인다. 하지만 내열 온도가 220도에 불과하다.

19세기 초에는 프랑스에서 코발트 블루 안료가 합성되어 예술가들에게 큰 인기를 끌었다. 기존의 불순물 많은 코발트 안료를 대체함으로써 회화와 공예에서 순도 높은 코발트 블루 색상을 표현할 수 있게 됐다. 코발트는 물리화학적으로 안정성이 높고 1,400도 이상의 고온을 견뎌내어 8세기경부터 중국 경질 자기 제작에 사용되었다. 그런데 합성된 안료가 중국 청화백자에 쓰인 코발트 안료의 품질을 능가함으로써 유럽 청화백자의 청화 발색이 더 뛰어나게 됐고, 또한 푸른색을 더 안정적으로 균일하게 표현할 수 있게 됐다.

1 일본 에도시대 화가 가츠시카 호쿠사이(1760~1849)는 목판화
「가나가와 해변의 높은 파도 아래」(1825)의 푸른색을 프러시안 블루로 표현했다.

2 프랑스 화가 피에르 오귀스트 르누아르(1841~1919)는
「센 강에서의 뱃놀이」(1879)의 푸른색을 합성 코발트 블루로 표현했다.

빈센트 반 고흐(1853~1890)는 「별이 빛나는 밤에」(1889)의 푸른색을
합성 울트라마린 블루와 코발트 블루로 표현했다.

1814년에는 프랑스에서 울트라마린과 거의 똑같은 푸른색을 내는 물질을 합성하여 청금석 울트라마린의 10분의 1도 안 되는 가격에 합성 울트라마린을 사용할 수 있게 됐다. 하지만 이 안료의 내열 온도는 900도 정도에 불과하다.

이처럼 인간은 세상에서 가장 흔하면서 가장 표현하기 어려운 색인 푸른색을 향한 탐구와 도전을 거듭해 왔다.

통계에 따르면, 미국과 유럽을 비롯한 서구에서 남녀노소를 불문하고 가장 좋아하는 색 1위는 푸른색이다. 중국에서도 붉은색과 금색 못지않게 푸른색의 인기가 높다. 우리나라에서도 파란색과 남색을 포함한 푸른색이 1위인 검은색 다음으로 인기가 있다.

색상에 대한 인식은 언어에 그대로 나타난다. 우리말에서 '푸른색'은 파란색이나 녹색의 느낌이 나는 수많은 색을 가리킨다. 우리가 푸르른 녹음, 청포도, 청테이프 같은 표현을 사용하듯이 파란색과 녹색을 명확히 구분하지 않는 언어는 의외로 많다. 하지만 주로 고대어들이 그러하고 근현대로 올수록 문명이 발달하면서 파란색과 녹색의 구분이 강화되고 색상이 세분화되는 경향을 보인다.

국제적으로 신호등 색상에는 '정지'를 알리는 빨간색, '신호 변경'을 알리는 노란색, '통행'을 알리는 녹색이 통용된다. 그런데 우리나라에서는 이 '녹색'을 '청색'이나 '파란색' 또는 '푸른색'이라고 부르기도 한다. 이 문제는 일본이 서구의 신호등을 도입하면서 '녹색green'을 한자 '청靑'으로 번역하면서 시작됐다. 일제강점기인 1930년대에 우리나라에 신호등이 들어오면서 일본식 표현이 그대로 적용됐다.

일본이 '녹색'을 '파란색'으로 번역한 데에는 언어적, 문화적, 역사적 배경이 있다. 옛날의 일본인은 파란색과 녹색을 구분하지 않고 뭉뚱그려 파란색으로 불렀다. 녹색綠이 헤이안시대부터 쓰이긴 했지만 여전히 파란색靑이 지배적이었다. 녹색과 파란색을 명확히 구분하는 교육이 시작된 것은 제2차 세계대전 이후였다. 일본 정부는 1970년대 초에 신호등 색을 나타내는 한자 '청靑, あお'을 '녹綠, みどり'으로 바꾸지 않고 한자 '청靑'에 맞춰 신호등 색을 '파란색에 최대한 가까운 녹색'으로 바꾸었다. 완전히 파란색으로 바꾸지 않은 것은 '녹색'과 '파란색'을 엄밀히 구분하지 않더라도 색상 인식이나 의사소통에 별 문제가 없고 교통 사고가 현저히 늘거나 줄지 않았기 때문이었을 것이다. 나중에 일본은 국제협약을 의식해 법률상의 신호등 색을 '청靑'에서 '녹綠'으로 바꾸었지만 실제 신호등 색은 그대로 두었다.

녹색과 파란색의 혼용은 우리나라 도자기를 대표하는 고려청자의 비색에서도 나타난다. 우선 '청자靑磁'의 색이 청靑에 가까운지 녹綠에 가까운지 따져볼 수 있다. 그리고 비색翡色이 물총새翡의 청靑에 가까운지 보석 비취翡翠의 녹綠에 가까운지도 생각해 볼 수 있다.

비색 고려 '청자 음각 번개 무늬 잔'을 보면 오른쪽은 황갈색이 감도는 청록색, 왼쪽은 전형적인 비색翡色으로 일컬어지는 청록색에 가깝다. 청자는 흙(태토)이나 유약에 함유된 철분 농도, 가마에서 구워지는 소성 온도, 사용 환경이나 보관 환경 등에 따라 다른 색조를 띤다. 황토색부터 군청색까지 다양하다. 여러 요인에 의한 색조의 다양함은 백자白瓷도 마찬가지다.

긴 분석의 글을 갈음하여 결론을 이야기하자면, 시각적으로 청자의 색과 비색은 녹綠에 가깝지만 청靑 위주로 표현됐다. 이것은 위에서 이야기한 일본의 예와 같다. 녹綠과 청靑이 청靑으로 통칭된 것이다. 다시 말해 인간의 색상 인식에서 파란색이 녹색보다 우위에 있다고 할 수 있다.

하늘과 바다의 파란색은 땅 위의 황갈색, 녹색과 더불어 인간이 자연 속에서 가장 많이 접하는 색이다. 빛의 삼원색(적, 녹, 청)과 색(안료)의 삼원색(적, 청, 황)이 자연에 가장 흔한 색과 겹치는 것은 우연이 아닐 것이다.

인간이 삼원색 중에서 파란색을 가장 선호하는 이유는 심리적으로 이로운 많은 면을 대변해주기 때문이다. 사람들은 파란

청자 음각 번개 무늬 잔, 국립중앙박물관

색에서 우울이나 추위를 떠올리기도 하지만 권능, 평화, 희망, 정의, 안정, 조화, 자신감, 용기 같은 것을 먼저 연상한다.

250년 동안 로열 코펜하겐에서 생산된 도자기에 그려진 기본 장식 문양의 색을 보면 여러 가지가 있다.

블루blue(푸른색) 컬렉션이 가장 먼저 만들어졌고 화이트white(흰색)와 블랙black(검은색) 컬렉션이 이어서 등장했으며, 이 3가지는 언더글레이즈 기법으로 제작되었다. 나중에 출시된 푸어푸어purpur(자주색), 에메랄드 그린emerald green(진녹색), 코럴coral(분홍색) 컬렉션은 오버글레이즈 기법으로 만들어졌다.

각각의 색상은 수많은 연구와 시행착오를 거쳐 엄선됐으며, 원색은 하나도 없다. 고온을 견뎌야 하는 안료의 한계도 있지만 그보다는 고급스럽고 우아한 로열 코펜하겐의 디자인 정체성에 부합하면서 테이블에서 음식이나 다른 식기와 얼마나 잘 어울리는지가 더 중요한 기준이다.

이렇게 다양한 색상으로 제품을 출시한 것은 상업적으로 매우 당연하고 타당하다. 시대의 흐름에 맞춰 새로운 제품을 계속 출시해야 하고, 소비자의 다양한 취향을 고려해야 하며, 테이블 세팅에서 음식과 궁합이 맞는 다양한 색상의 제품이 필요하기 때문이다. 그렇지만 로열 코펜하겐 제품 중에서 소비자에게 가장 많은 사랑을 받으며 가장 많이 판매되는 것은 블루 컬렉션이다.

1 블루 플루티드 하프 레이스 티컵 세트

2 화이트 플루티드 하프 레이스 티컵 세트

3 블랙 플루티드 하프 레이스 티컵 세트

4 푸어푸어 플루티드 하프 레이스 티컵 세트

5 에메랄드 그린 플루티드 하프 레이스 티컵 세트

6 코럴 플루티드 하프 레이스 티컵 세트

로열 코펜하겐의 푸른색은 도자기 수집가들이 중요하게 고려하는 요소이다. 취향에 맞는 푸른색을 찾기가 쉽지 않다. 짙푸른색을 선호하는 사람이 있는가 하면 중간 정도의 푸른색을 찾는 사람이 있고, 옅고 은은한 푸른색을 좋아하는 사람도 있다. 우리나라 수집가들은 짙푸른색을 선호하는 경향이 있다. 옅은 색은 짙은 색에 비해 등급을 낮게 받는 경향이 있지만, 색이 짙다고 무조건 비싼 것도 아니다.

서로 다른 시기에 생산된 블루 플루티드 풀 레이스 컵(1036번) 받침을 비교해 보면, 보는 이에 따라 좋아하는 톤^{tone}(색조)이 다를 수 있다. 왼쪽 받침은 1898~1923년에, 가운데 받침은 1969~1974년에, 오른쪽 받침은 1968년에 각각 생산됐다. 왼쪽에서 오른쪽으로 갈수록 톤이 옅다.

19세기 초에 코발트 블루 안료가 합성된 이후로 청화 발색을 균일하게 조절할 수 있게 되었으므로 이러한 톤의 차이는 불가피한 외적 요인이나 제작 환경보다는 아트 디렉터나 페인터의 취향과 판단에 따라 생겼다고 볼 수 있다.

또한 로열 코펜하겐의 모든 제품은 페인팅이 수작업으로 이루어지므로 푸른색 톤이 완벽하게 균일할 수는 없다. 같은 시기에 같은 페인터가 같은 안료로 같은 방식으로 그리더라도 차이가 생길 수 있다.

서로 다른 시기에 생산된 블루 플루티드 풀 레이스 컵 받침

그런데 톤이 다른 그릇들을 서로 어울리게 사용할 수도 있다. 레오나르도 다빈치(1452~1519)가 「모나리자Mona Lisa」를 그릴 때 사용한 '스푸마토sfumato' 기법처럼 테이블 세팅을 하는 것이다. 이탈리아어인 '스푸마토'는 '연기처럼 흐릿하다'는 뜻으로, 색과 색 사이의 경계를 희미하게 처리하여 인식하지 못하게 하는 기법을 의미한다. 「모나리자」를 보면 인물 뒤의 풍경이 매우 뿌옇게 묘사되어 있다. 이 기법으로 원근감이 표현되어 앞에 있는 모나리자의 미소가 더 부각돼 보인다.

같은 톤끼리 배치하면 테이블 세팅이 평면적으로 보이는 반면, 짙은 톤과 중간 톤, 옅은 톤을 적절히 배치하면 원근감이 들면서 한 폭의 입체적 풍경이 펼쳐진다. 농담濃淡으로 표현된 단색 그림처럼 고풍스러워 보일 수 있다.

4부

도자기를 수집하고
수리하며
알게 된 것들

15장

수리하며 새로 만드는 문양

　사람과 사람 사이에 인연이 있듯 사람과 물건 사이에도 인연이 있다. 갖고 싶은 앤티크(antique) 그릇이 있어 알아보던 중 가격이 너무 비싸 깨진 도자기로 구입했다. 직접 수리해서 쓸 궁리를 했고, 그렇게 해서라도 꼭 갖고 싶었던 도자기는 웨지우드 퀸즈웨어 그레이 티컵(Wedgwood Queensware Grey Teacup)이었다. 장식용이 아닌 실용 식기로 쓸 생각이었다. 제품 디자인을 전공했기에 수리쯤이야 얼마든지 할 수 있다고 생각했고, 그렇게 도자기 수리라는 미지의 세계에 발을 들여놓게 되었다.

　옻칠 공예 기법에서 파생된 도자기 수리법을 가르치는 공방에 들러 일주일에 한 번씩 넉 달 넘게 배웠다. 물감인 줄 알았던 재료가 강력한 접착력을 자랑하는 천연 접착제가 될 수 있다는 점이 정말 신기했다. 순간접착제나 실리콘 같은 화학 접착제와는 차원이 다른 천연 접착제의 견고함이 도자기 수리의 매력에 빠져들게 했다.

공방에서 도자기 수리를 배운 뒤 실전에 나섰다. 하지만 집에서 혼자 도자기 수리를 하는 것은 쉽지가 않았다. 도자기 수리에 있어 가장 큰 어려움은 다름 아닌 옻이라는 재료를 다루는 일이다. 옻은 실온에서 잘 마르지 않기 때문에 접착 부위에 칠한 후 특별한 환경에서 건조될 때까지 오랜 시간을 기다려야 한다. 온도 25~28도, 습도 약 70퍼센트가 유지되는 옻 건조 공간인 습장은 만들기가 여간 어렵지 않다. 그 안에서 옻이 완전히 마르는 동안은 욕심과 조급함을 버리고 기다려야 하는 마음 수양의 시간이다.

옻칠의 건조 원리를 알아야 할 수 있는 금칠인 마키에蒔繪(옻칠로 그린 문양 위에 금가루나 은가루를 뿌려 장식하는 일본 칠공예 기법)도 터득하기가 쉽지 않았다. 옻 건조 환경을 이해하기 위해 공부와 실험을 거듭했다.

그때 마침 일본의 도자기 수리 전문가가 와서 가르치는 강좌가 열린다는 소식을 접했다. 반가운 마음에 달려가서 한 달에 한 번씩 반년에 걸쳐 긴츠기金継ぎ(흔히 '킨츠기')를 배웠다. 긴츠기는

1 마키에

2 긴츠기

16세기 중반에 불완전함, 겸손, 검소, 소박 등을 중시하는 와비사비侘び寂び 철학을 기반으로 성행한 도자기 수리 기법으로, 깨진 도자기의 파손 부위를 옻칠로 이어붙이면서 금가루나 은가루로 장식하는 것을 말한다. 긴츠기에는 사물의 부서지거나 수리된 부분을 가리고 숨겨야 할 치부가 아닌 사물의 고유한 일부로 여기는 정신이 담겨 있다. 오늘날에는 천연 옻을 사용하여 1개월 이상 걸리는 혼긴츠기本金継ぎ와 합성 옻이나 접착제를 사용하여 1~3일 만에 완성하는 간이긴츠기簡易金継ぎ로 나뉜다.

긴츠기를 배워 어려운 문제를 스스로 해결했을 때는 뛸 듯이 기뻤다. 취미에 그칠 줄 알았던 긴츠기가 업業으로 이어진 것은 '도자기를 수리해서 팔면 어떨까?' 하는 호기심에서 비롯되었다.

우리나라 사람들은 깨진 도자기를 그냥 내다버린다. 복 날아간다고 생각하기 때문이다. 식당에서 음식이 '이빨 빠진' 그릇에 담겨 나오면 주인은 당연히 미안해하고 손님은 당연히 불쾌해하며 성한 그릇으로 바꿔달라고 한다. 가정집에서도 그러하여 '이빨 빠진' 그릇은 다른 용도로도 잘 쓰지 않고 집 밖으로 버리는 경향이 있다. 깨진 도자기를 수리하는 것은 유물이나 명품을 다루는 사람들의 일일 뿐이다.

우리나라는 아직 이런 의식이 보편적이라 이웃 나라들의 도자기 수리나 재활용 문화를 알아보았다.

일본에는 앞에서 이야기한 것처럼 전통 깊은 도자기 수리 문화와 기술이 있다.

도자기 종주국인 중국은 그 오랜 역사만큼이나 도자기 수리의 역사도 깊으며, 도자기 복원 기술과 문화가 발달해 있다. '물건을 소중히 여기면 복이 날아가지 않는다'는 석물보복惜物保福 정신을 내세워 캠페인 삼아 학교에서 도자기 수리 수업을 할 정도이며, 도자기 수리 전문 작가의 작품을 모아서 대형 전시회를 열기도 한다. 2023년 푸젠성 장저우시에서 열린 한 전시회의 홍보문은 이렇게 전한다. "도자기는 실용적인 물건일 뿐만 아니라 소유자의 따뜻한 마음도 담고 있습니다.…… 그러나 도자기는 깨지기 쉽고, 깨진 것은 도자기가 아니라 소유자의 마음이며, 도자기 복원은 소유자의 깨진 따뜻한 마음을 다리(거멀못)로 다시 연결하는 기술입니다."

내가 도자기를 수리하며 수집한 로열 코펜하겐 블루 플루티드 접시는 행운을 가져다줄 것 같은 옛날 물건이다. 수많은 깨진 도자기들 중에서 유독 내 마음을 사로잡았다. 특히 수수한 플레인 접시에 시선이 멈췄다. 도자기에 수놓인 청아한 꽃이 너무나 아름답고, 250년 동안 이어져 온 디자인이라 마음이 끌리고, 잘 고칠 수 있을 거란 자신감이 들어 깨진 로열 코펜하겐 블루 플루티드를 수리해 보기로 했다.

도자기 수리를 하면서 의뢰인들에게 가장 많이 받은 질문이 있다. 옻으로 수리한 파손 부위가 보일 수밖에 없느냐, 감쪽같이 가릴 수 없느냐는 것이다. 옻은 함께 쓸 수 있는 안료가 있어서 다양한 색을 구현할 수 있다. 그러나 로열 코펜하겐 백자의 색을 낼 수는 없다. 흰색 안료가 있지만 마르면 미색*色을 띤다. 문양이 있는 도자기를 수리할 때는 자연스럽게 어울리는 그림을 그려넣는 것이 최선의 방법인 듯하다. 아니면 차라리 수리된 부위를 그대로 두든가.

긴츠기는 옻으로 접착한 후 그 위에 금칠을 하므로 수리된 부분이 도드라지는 문제가 있다. 특히 실금이 간 로열 코펜하겐 블루 플루티드를 수리하는 경우 수리된 부위가 이질적으로 느껴져 기대에 미치지 못한다. 그래서 도드라지는 부분을 티가 나지 않게 감쪽같이 처리할 수 있는 묘안을 고심했다. 해법은 의외로 간단했다. 그림을 그리는 것이었다. 블루 플루티드 문양을 모티브로 그림을 그렸다. 그랬더니 수리된 부위가 기존 블루 플루티드 문양과 어울려 제법 자연스러워 보였다.

수리 부위에 그림을 그리려고 패턴을 연구하던 중 로열 코펜하겐 블루 플루티드가 중국 청화백자에서 유래했음을 알게 되었다. 중국에서 만들어져 유럽으로 수출된 청화백자를 수집하면서 도자기에 그려진 문양과 그림을 꼼꼼히 들여다보았다.

17세기 중국 청화백자의 꽃 문양과 로열 코펜하겐 블루 플루티드의 꽃 문양을 비교해보니 과연 유사성이 보였다. 처음에는 블루 플루티드의 꽃이 중국의 모란꽃일 거라고 생각했다. 비록 노르웨이의 도자기 연구자 레우리츠 도렌펠트는 그것이 국화꽃이라고 주장했지만 말이다.

사실을 확인하기 위해 정보를 검색하고 관련 서적을 찾아 읽었다. 그러는 동안에도 로열 코펜하겐 블루 플루티드 제품들을 수리하며 꽃 문양을 분석했다.

결국엔 블루 플루티드의 꽃 문양이 특정 꽃을 본뜬 무늬가 아니라 중국 청화백자와 마이센 청화백자의 꽃 문양이 단순화된 것임을 알게 됐다. 로열 코펜하겐이 제품 설명에서 '국화꽃'이라고만 밝힌 수많은 종種의 국화꽃이 단순화된 문양이었다. 그 원류는 중국 청화백자의 모란꽃인 듯하지만 말이다. 필요한 요소만 단순화하다 보니 꽃 주변에 흔히 그려지던 나비나 벌 같은 곤충은 사라졌다.

중국 백자나 일본 백자는 물론이고 우리나라 백자에도 간간이 꽃 옆에 곤충이 등장한다. 조선 '청화백자 난초 국화잎 벌 무늬 항아리'와 '청화백자 양귀비 나비 무늬 술병'에도 예쁜 벌과 나비가 그려져 있다.

그래서 생각했다. '어디 한번 곤충을 그려볼까?' 블루 플루티

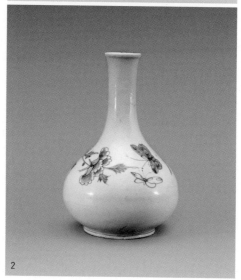

1 청화백자 난초 국화잎 벌 무늬 항아리, 국립중앙박물관

2 청화백자 양귀비 나비 무늬 술병, 국립중앙박물관

드 하프 레이스 삼각 쟁반^{triangular tray}(515번)은 내가 온라인 카페에 도자기 수리를 한다는 홍보 글을 올렸을 때 학교 선배가 아무런 조건 없이 제공해준 제품이다. 파손된 부위가 꽤 컸다. 갈라진 금^{crack}을 따라 블루 플루티드 기본 문양을 모티브로 그림을 그리고 나비도 그려넣었다. 수리해서 나비 장식까지 추가한 완성품을 신배에게 보여주자 도자기가 새로 태어났다며 매우 기뻐했다.

도자기 수리를 배워서 나비 무늬를 구상해 그리기까지 무려 3년이 걸렸다. 갈라진 꽃이 회복되고 나비가 날아와 만나는 데 3년이 걸린 셈이다. 나비를 그려넣으니 도자기에 봄이 내려앉은 것 마냥 화사하다. 사진에서처럼 수리된 도자기들을 모아놓으면 특별한 금빛 장식이 추가된 컬렉션을 선물 받은 듯하다.

도자기를 수집할 때처럼, 도자기를 수리할 때도 특별히 마음이 끌리는 도자기가 있다. 1981년 보스니아 헤르체고비나의 남서부에 위치한 작은 마을 메주고레^{Medugorje}에 성모 마리아가 나타난 것을 기념하는 장식용 접시인 '메주고레의 성모'가 그랬다. 처음 보는 순간 가슴이 두근거렸다. 수리가 꼭 필요한 도자기인데 수리비를 부담스러워하여, 꼭 수리해보고 싶은 마음에 무상 수리를 제안했다. 내 손길이 누군가에게는 위로가 될 수 있을 거라는 생각에 기꺼이 문양을 그려넣어 수리하기로 했다. 재료비, 인건비, 시간 다 제쳐두고, 깨진 접시에 깨진 마음을 위로하고자

'메주고레의 성모' 접시

묵묵히 수리했다.

의뢰인은 무상 수리임을 알면서도 '감쪽같은' 수리를 요청했다. 파손 부위가 커서 난감했다. 상단의 떨어져나간 부위를 과감하게 은으로 채우고 기존 문양에 맞춰 금칠로 장식했다. 파손 부위의 접착제 제거가 완전하지 않아 결과가 그리 만족스럽지 않았다. 그럼에도 의뢰인은 감쪽같다며 기뻐했다. 답례로 수리비까지 주었다.

사람들은 힘들거나 바라는 것이 있으면 기도를 한다. 간절한 마음으로 두 손 모아 소원을 빈다. 나도 그러한 마음으로 도자기 수리를 하며 더 나은 단계를 향해 나아가고 있다. 수리되어 온전해진 접시 속의 '메주고레의 성모'가 다시 의뢰인 앞에 서서 그녀의 기도를 받아 자비와 사랑과 은혜를 베풀게 되어 다행스럽다.

이 책을 구상하던 무렵, 우리나라에 사는 덴마크 친구와 도자기 이야기를 나눈 적이 있다. 푸른 창공에 벚꽃이 흩날리는 오후였다. 날씨마저 로열 코펜하겐과 잘 어울렸다. 그런데 그녀는 로열 코펜하겐 블루 플루티드 제품을 '빛바랜' 도자기라고 했다. 적이 당황스러웠다. 빛나는 도자기가 아니라 빛바랜 도자기라니! 형용사를 잘못 말한 것 아닌가 싶었다.

그녀는 로열 코펜하겐을 볼 때면 어머니와 할머니가 생각난다고 했다. 어머니와 할머니가 늘 쓰던 도자기라서 그렇게 귀하게 여기지 않았다고 했다. 역지사지로 생각해봤다. 나도 우리나라 도자기를 잘 몰랐을 때 할아버지, 할머니 댁에 있는 청자나 분청사기를 구닥다리 취급했었다. 너무 가까이 있어 소중함을 몰랐다.

제품 디자인을 전공해서일까. 도자기 수리 관련 상품을 개발해야 한다는 생각이 피할 수 없는 압박감으로 와닿았다. 그래서 다양한 도자기 수리 방법을 시도했고, 새로운 스타일을 만들어내게 되었다. 사진 속 '청자 구름 봉황 무늬 찻사발'은 덴마크 친구가 말한 빛바랜 도자기와 우리나라의 빛바랜 도자기를 융합하면 어떨까 하는 생각에서 만들어본 습작이다. 오래전에 구입한 깨진 청자와 로열 코펜하겐 조각을 이어붙여 서로 어우러지게 했다.

떨어져나간 부분에 다른 도자기의 조각을 접합하는 방법이 있다. 요비츠기呼継ぎ라는 긴츠기 응용 기법으로, 수십 내지 수천 개의 도자기 조각 중에서 두께, 굴곡, 색상이 어울리는 조합을 찾고 그것들을 서로 이어붙이는 데 시간과 노력이 많이 드는 창의적인 작업이다. 나무를 접붙이는 방법 중 하나인 요비츠기呼接ぎ와 발음은 같지만 한자가 다르다. 긴츠기가 깨지거나 금이 간 도자기를 접착제로 보수하는 복원 기술이라면, 요비츠기는 깨진 도자기들을 접합해 새로운 도자기를 만드는 편집 기술이라고 할

1 청자 구름 봉황 무늬 찻사발

2 청자 상감 보상 넝쿨 구름 봉황 무늬 대접, 국립중앙박물관

수 있다. 나는 요비츠기를 이용해 우리나라 청자와 로열 코펜하겐 도자기를 합친 후, 날아다니는 봉황과 구름을 기존 원화와 다르게 그려넣었다.

일본에 긴츠기가 있다면 중국에는 쥐츠鋦瓷가 있다. 현대 학계에서 리베팅riveting이라고도 부르는 이 방법은 명나라 시대인 16세기 중반에 사용된 기록이 처음 나타나지만, 15세기 이전까지 거슬러올라가는 것으로 추정된다. 왜냐하면 15세기 후반에 일본에서 긴츠기가 나타난 요인이 바로 '쥐츠'이기 때문이다.

정치에 소홀하고 예술을 탐닉한 일본 무로마치 막부의 쇼군 아시카가 요시마사足利義政(재위 1449~1473)는 13세기 송나라에서 만들어진 비색秘色 청자 다완(찻사발)을 가지고 있었다. 이 다완의 굽 쪽 하부에 금이 생기자 중국에 보내서 새것을 구해오도록 했다. 하지만 당시 명나라에서는 그렇게 뛰어난 자기를 구할 수 없어 '쥐츠' 기법으로 수리해서 돌려보냈다.

'쥐츠'는 도자기 균열 부위의 양쪽 표면에 얕게 구멍을 판 후 두께 1밀리미터 정도의 얇은 금속판(철이나 동)을 꺾쇠(ㄷ) 모양으로 굽혀서 양쪽 구멍에 끼워 고정하는 수리 방법이다. 이때 사용하는 얇고 좁은 금속판을 거멀못이라고 한다(거멀못과 거머리는 어원이 같으며, 평평하고 기다란 말거머리를 한자어로 마황馬蟥이라고 한다).

그런데 다완에 박힌 거멀못이 마치 '말에 붙은 메뚜기' 같아 '말메뚜기줄馬蟥絆'이라는 별명이 붙었다(한자 마황馬蟥은 중국어에서 꺾쇠를 의미한다). 천하 명품 다완이 거멀못 때문에 흉해지자 새로운 도자기 수리법을 모색하게 됐고, 긴츠기가 개발되어 발달했다.

장쯔이章子怡가 주연한 장이머우張藝謀 감독의 영화 「집으로 가는 길我的父亲母亲」에는 극중 중요한 소재인 그릇을 거멀못으로 고치는 도자기 수리공이 나온다. 하얗게 센 머리카락과 수염만큼이나 연륜과 경험이 쌓인 수리공은 능숙한 손놀림으로 조각난 그릇을 이어붙이며 그릇에 담긴 사연을 의뢰인에게 묻는다.

"나는 못값만 받는데 새 그릇 사는 게 더 쌀 겁니다."

"비용은 신경 쓰지 마세요."

"가보家寶인가요?"

"아뇨."

"누군가 사용하던 거군요."

"그래요."

"누가 쓰던 거죠?"

"우리 딸 때문에 고치는 거예요. 그거 쓰던 사람이 떠났는데 딸이 그 사람을 좋아해요."

"물 한 방울 새지 않게 고쳐서 따님을 기쁘게 해 드릴게요."

1 거멀못으로 수리된 중국 청화백자 망상 바구니, 1750년경, 난징

2 13세기 남송시대에 만들어진 청자 다완에 거멀못이 박혀 있다.
일본 중요문화재, 도쿄국립박물관

수리공이 떠난 뒤 딸(장쯔이)은 찬장에서 말끔하게 수리된 그릇을 발견한다. 딸은 그릇을 매만지며 눈물을 흘린다.

나도 이따금 쥐츠를 이용한다. 도자기에 구멍을 뚫어 거멀못을 박는 것은 상당히 힘든 작업이다. 경험상 쥐츠는 비교적 크고 무거운 도자기에 적합해 보인다. 깨진 도자기는 아무리 공들여 수리해도 물리적 충격에 다시 파손될 가능성이 높다. 쥐츠는 긴 츠기보다 물리적 충격에 강할 수 있지만 작업이 쉽지 않고 역시나 '감쪽같은' 수리가 어려우므로 미감을 살리기 위한 추가 장식이 필요할 수 있다. 나는 중국 청화백자와 로열 코펜하겐 블루 플루티드에 등장하는 박쥐 문양을 보고 박쥐 모양 거멀못을 만들어 수리해보았다.

16장

도자기와 더불어 살며 생각하며

 우리나라는 지정학적 특성 때문에 예부터 외세의 침범을 많이 받았다. 특히 조선 중기에는 일본이 쳐들어와 임진왜란(정유재란 포함)을 일으켜 수많은 도자기를 약탈하고 전국 곳곳의 가마를 파괴하고 도공들을 잡아갔다. 그래서 17세기에 조선 백자는 큰 위기를 맞았다. 전쟁으로 국고가 바닥난 조선은 설상가상 중국이 자국의 수출용 청화백자 제작을 위해 페르시아산 코발트 안료回回靑의 반출을 통제하면서 사실상 청화백자 생산이 어려운 처지에 놓였다. 그러자 조선의 도공과 화공은 저렴한 철이나 구리를 섞은 안료로 그림을 그려 백자를 장식했다. 그래서 만들어진 것이 바로 철화鐵華 백자와 동화銅華 백자이다.

17세기에 만들어진 국보 제166호 '철화 백자 매화 대나무 무늬 항아리'는 철 함량이 높은 고령토로 제작되어 회색빛 바탕을 띤다. 거기에 철 함량 높은 산화철 안료로 그려진 매화, 대나무 무늬와 개구부 아래 문양은 흑갈색을 띤다. 당시에는 백자 재료가 비싸고 귀했기 때문에 솜씨 좋은 화공이 그려야 실패율이 낮고 그림과 문양의 품질이 일정했다.

깨진 도자기에 붓으로 옻칠을 하면서 도자기에 그림을 그리는 것과 캔버스에 그림을 그리는 것은 상당히 다르다는 것을 알았다. 도자기와 화포의 표면 질감이 다르고 입체와 평면의 차이도 있다. 도자기는 입체라서 돌려가며 그림을 그려야 한다. 처음 도자기 페인팅을 하면서 얼마나 섬세하고 숙련된 필력이 필요한지 절감했다.

로얄 코펜하겐 페인터처럼 몇 주 몇 달에 걸쳐 천천히 세밀하게 그릴 수 있는가 하면, 크로키처럼 단숨에 그릴 수도 있다. 크로키는 움직이거나 멈춘 대상의 특징을 포착해 빠르게 그리는 회화 기법이다. 주로 연필이나 펜, 목탄, 콩테(데생에 쓰이는 크레용의 일종. 목탄보다 단단하고 연필보다 연함) 등으로 그리는데, 단순한 선으로 특징을 묘사하는 만큼 손의 힘으로 농담을 조절해야 한다. 붓을 이용하기도 한다.

'철화 백자 매화 대나무 무늬 항아리'에는 크로키처럼 빠르게

철화 백자 매화 대나무 무늬 항아리, 국립중앙박물관

붓으로 그린 듯한 댓잎이 보인다. 빠른 붓놀림 덕분에 댓잎이 생동감 있게 표현되어 있다. 크로키는 말처럼 쉽지 않다. 연습이나 습작, 밑그림을 위해 이용하기도 하지만 숙련돼 있어야 대상의 핵심을 드러낼 수 있다. 일필휘지 一筆揮之는 명필에게 가능한 일이다. 화공은 얼마나 오랜 세월 필력을 갈고 닦았을까. 도자기에 의미 없는 무늬는 없다.

도자기를 이해하면 도공의 일과 삶까지 읽어내게 된다. 그렇다면 수집하고 수리하며 도자기와 함께 사는 삶이란 어떤 것일까? 어느 날 새벽, 수리한 로열 코펜하겐을 정리하려고 거실에 늘어놓았다. 잠을 자야 하는 시간이라 그랬는지, 바닥에 의젓하게 앉아 있는 도자기들을 보니 바다에 있는 기분이 들었다. 넘실대는 파도가 되어 춤을 추는 듯했다. 수리한 제품과 수집한 제품이 서로 어울려 빛나는 바다의 장관을 연출했다. 어둠과 고요에 침잠한 새벽 바다에 일출이 윤슬을 드리운 것만 같았다.

도자기는 수많은 추억과 이야기를 낳는다. 지인 중에 도자기를 모으면서 오랜 우울증을 극복했다는 사람이 있다. 딸과 공유할 수 있는 유일한 취향이자 취미로 도자기를 수집하는 어머니도 있다. 도자기 수집은 소장하는 기쁨에 더해 많은 이로움이 있다.

도자기는 공예품 工藝品, 즉 실용품이면서 예술품이다. 실용품으로서 삶을 담고 예술품으로서 문화를 담는다. 그래서 고古도자기 수집가들은 폐가마 속의 뒤틀리거나 깨진 도자기, 묘지 속의 부장품副葬品 도자기까지 모은다.

　관상용 또는 장식용 도자기는 예부터 명상이나 수양, 예술적 영감의 도구로 많이 이용되어 왔다. 일상에서 쓰는 실용적인 그릇도 씻고 닦고 음식을 담고 하다 보면 문득문득 자신과 관련된 그릇들을 생각하게 된다. 마음 그릇, 몸 그릇, 가족 그릇, 일 그릇, 사회 그릇, 세상 그릇 등등. 빌 게이츠가 집에서 저녁 시간에 독서 외에 설거지를 즐겨 한다는 이야기는 널려 알려져 있다. 자기만의 방식으로 몰입해서 열심히 식기를 씻고 닦는 것은 그 자체가 즐거움이면서 자신과 가족 그리고 하루를 돌아보는 명상의 시간이라고 한다.

　비유와 상징으로서의 그릇도 인간의 생각과 행동에 크고 작은 영향을 미친다. 그릇과 관련된 격언이나 명언은 무수히 많다. 가장 흔한 내용은 그릇을 마음에 비유하는 것이다. 세상만사가 마음에 달려 있으니 마음을 잘 다스려야 한다는 취지이다. 기소이영器小易盈이라는 말이 있다. 작은 그릇이 쉽게 찬다, 즉 도량이 작으면 속이 좁아 쉽게 교만해지고 작은 성과에 우쭐거린다는 의미이다. 도량이란 마음이라는 그릇의 너비와 깊이를 의미한다.

　"금 밥그릇 들고 밥 빌어먹는다捧著金碗要飯吃"는 중국 속담이 있다. 부유하면서 거짓으로 가난한 척하거나, 좋은 조건이나 재능을 가졌으면서 제대로 활용하지 않는 것을 가리킨다. 이 속담에는 비극적이고 교훈적인 이야기가 전해내려 온다. 명나라 황제 가정제嘉靖帝가 죽고 나서 황위에 오른 융경제隆慶帝(재위 1567~1572)는 선황에게 아첨하여 국정 농단을 일삼고 부귀영화를 누린 간신 엄숭嚴嵩(1480~1567)을 미워했다. 그래서 관직과 모든 재산을 빼앗고 수도 베이징에서 내쫓으면서 그를 굶겨죽일 생각을 했다. 그의 재산 중 금 밥그릇 하나만 손에 들려주고는 구걸해서 먹고살도록 명했다. 사람들은 금 밥그릇을 든 그에게 아무도 음식을 주지 않았고, 결국 그는 굶어죽었다.

어디까지가 사실인지 모호하지만, 직업상 금 밥그릇에 관심을 갖지 않을 수 없다. 과연 정말 금으로 만든 밥그릇이었을까? 황제의 총애를 받으며 엄청난 재물을 축적했으니 금 밥그릇이었을 수 있다. 하지만 그보다는 반짝반짝 금처럼 빛나는 유기鍮器이거나, 도자기 수집가의 관점에서 볼 때 금장 도자기가 아니었을까라는 추측을 하게 된다. 청화백자가 유럽으로 한창 수출된 16세기 명나라의 고급 도자기 중에는 청화 바탕에 금으로 문양을 그리거나 금칠 바탕에 채색 문양을 그린 제품들이 있다.

이 속담을 빌려 이야기하고 싶은 다른 하나는, 문장 그대로의 문제이다. 도자기를 수집하고 수리하다 보면 갖고 싶거나 수리하고 싶은 도자기에 끌려 재정적으로 부담이 되는데도 무리를 해

16세기 명나라 금장 잎 무늬 청화백자, 메트로폴리탄미술관

서 구입하는 경우가 있다. 그러면 정말 "금 밥그릇 들고 밥 빌어 먹게 되지 않을까?" 하는 우려가 들기도 한다. 하지만 꼭 필요하다고 생각되는 것은 확보해야 지금 단계의 마침표를 찍고 다음 단계로 넘어갈 수 있다. 쉬운 일은 아니지만 투자와 낭비를 최대한 구분해야 한다. 보람 없이 헛수고만 하는 것을 두고 "깨진 그릇 이 맞추기"라고 한다. 실제 도자기 수리에서는 절반만 맞고 절반은 틀린 말이다. 도자기 수리를 배워 경험과 실력이 쌓이면 감상용 도자기의 경우 헛수고가 별로 없다. 다만, 실용 도자기는 아무래도 내구성과 미감에 대한 만족도가 사람마다 많이 다를 수 있다.

유능한 사람이 일찍 세상을 떠나면 "귀한 그릇 쉬 깨진다"라고 하는데, 과연 그럴까? 귀하다는 기준이 골동품이나 유물처럼 오래되어 희귀한 것인지, 명품으로 알려져 비싸게 팔려서 귀한 것인지에 따라 판단이 다를 수 있다. 하지만 귀한 그릇인데 잘 깨지면 실용적 차원에서 귀한 대접을 하기 어렵다. 다른 특별한 이유나 용도가 있을 법하다.

재료와 기술의 발달로 옛날 도자기보다 요즘 도자기가 훨씬 튼튼하다. 수많은 브랜드로 판매되는 도자기들의 내구성이나 강도를 비교한 공식적인 검사 결과는 없지만, 도자기 애호가들의 인터넷 커뮤니티에 모인 의견을 보면 명품 브랜드라고 해서 더 튼튼하지는 않은 것 같다. 오늘날 해외 명품 브랜드 가운데 상당수는 생산비가 저렴한 중국, 인도네시아, 태국 등지에서 본사의 관리 하에 제품을 생산하고 있다. 우리나라에도 해외 명품 브랜드에 납품하는 도자기 회사들이 있다. 인터넷 커뮤니티를 보면 비싼 해외 명품보다 우리나라 도자기가 더 튼튼하고 안전한 것 같다는 의견도 적지 않다.

우리나라 도자기는 일제강점기와 한국전쟁을 겪으면서 사실상 천 년이 넘는 자기 생산의 명맥이 끊기다시피 했다. 임진왜란 이후 일본의 도자기는 비약적으로 발전해 우리나라를 앞서면서 중국 청화백자와 함께 유럽으로 수출됐고, 일제강점기에는 일본의 값싼 제품이 우리나라 도자기 산업을 고사시켰다. 한국전쟁이 남긴 폐허 속에서 옛날 기술을 되살리며 현대 도자기의 흐름을 따라잡으려고 노력했지만 오랜 시간이 걸렸다. 지금 우리나라의 도자기 시장은 해외 명품 브랜드가 절반 이상 장악하고 있다.

이제 글을 마무리하면서 우리나라 자기의 성쇠 역사 천 년을 좀더 냉정하게 되짚어보고 로열 코펜하겐의 역사에 비추어보려 한다.

조선시대 어린이들의 교과서 『명심보감明心寶鑑』의 「성심편省心篇」에는 "기만즉일器滿則溢 인만즉상人滿則喪"이라는 구절이 나온다.

"그릇은 차면 넘치고 사람은 차면 잃는다", 즉 "지나치게 욕망하면 오히려 잃게 되니 절제하라"는 의미이다. 그런데 이 구절은 『주역』에 나오는 월만즉휴月滿則虧, 즉 "달은 차면 기운다"처럼 흥망성쇠興亡盛衰의 이치를 일컫는 표현으로도 해석된다.

고려 청자는 10세기에 상감 문양이 없는 순청자純靑瓷로 시작하여 12~13세기에 상감 청자로 전성기를 구가하다가 14세기에 시대가 저물면서 분청사기에 자리를 내주었다. 고려 청자는 '고려'라는 그릇이 차오르다가 넘칠 때까지 흥망성쇠를 함께했다. 조선시대에도 중기까지 청자가 만들어지긴 했으나 소량의 순청자였고 그마저도 병자호란 이후에는 사라졌다.

분청사기 또는 분청자는 일제강점기에 일본 학자가 연구하여 분류해냈고, 이후 미술사학자 고유섭이 분장회청사기粉粧灰靑沙器라고 명명했다. "청자 태토로 만들어 재가 섞인 유약을 칠해서" 구워낸 자기라는 뜻이다. 잡물과 철분 때문에 회청색이나 회황색을 띤다. 고려 청자를 계승한 청자이지만 태토와 유약의 질이 낮고 고려 청자보다 낮은 온도에서 구워 비교적 쉽게 만들 수 있었다.

분청사기는 고려에서 조선으로 넘어가는 불안정한 시기에 물자가 부족한 상황에 맞춰 만들어지며 등장했다. 점점 품질이 개선되면서 15세기 초중반에 전성기를 누리다가 16세기까지 만들

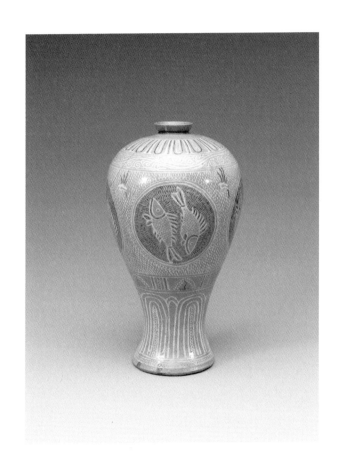

보물 제347호 분청사기 상감 물고기 무늬 매병, 조선시대, 국립중앙박물관

어지긴 했으나, 15세기 중반부터 백자가 조선 왕실에서 쓰이기 시작하면서 밀려났다.

백자는 신라 말 또는 고려 초부터 연질 자기가 조금씩 만들어지다가 조선시대에 경질 자기가 생산되면서 꽃을 피웠다. 고려 청자가 조선 백자보다 나은 도자기라고 생각하는 경우가 적지 않은 이유는 도자기 발달 단계에 대한 이해 부족이나 '고려 비색 상감 청자'에 대한 과도한 찬사 때문일 수 있다. 청자와 백자의 차이를 단순히 비유하면, 흑백 브라운관 텔레비전과 컬러 LED 텔레비전의 차이만큼이나 크다고 할 수 있다. 재료와 기술에서 현격한 차이가 있다. 청자보다 백자의 태토와 유약이 순도가 훨씬 더 높고, 소성 온도도 더 높아 단단하며, 장식 방법도 더 다양하고 세련된다.

도자기의 본질은 그릇이고, 그릇의 가장 중요한 기본 기능은 음식을 담는 것이다. 음식은 생존을 위해 먹는 것이기에 안전해야 하므로 정체와 상태를 쉽게 확인할 수 있어야 한다. 그러려면 음식을 깨끗한 밝은색 그릇에 담는 것이 가장 효과적이고, 밝은색 중에서 흰색이 가장 편리하다.

실용은 물론이고 장식용이나 관상용 도자기의 미감을 표현하는 데 있어서도 흰색이 가장 효과적이고 편리하다. 유채색 바탕으로는 표현이 자유로울 수 없으며 밝은 무채색, 즉 흰색을 유채

1 고려 백자 주전자, 국립중앙박물관

2 중국 송나라 백자 참외 모양 주전자, 국립중앙박물관

색 바탕에 입혀 그 위에 표현하는 것은 비효율적이고 비효과적이다. 흰색은 그 자체로도 충분히 미감을 선사할 수 있다.

역사에서 도자기의 궁극은 백자이다. 신석기시대 토기에서 시작해 재료와 기술이 서서히 발전을 거듭하여 도기를 거쳐 도달한 종착지가 바로 백자이다. 고려 청자와 분청사기는 백자보다 나아서 먼저 유행한 것이 아니라 각각 당시의 재료와 기술을 이용해 실용으로 만들 수 있는 최상의 도자기였기 때문이다. 분청사기가 고려 청자를 대체한 것은 앞에서 언급한 시대 전환기의 요인과 더불어 실용성이나 미감이 더 나아 선택된 것이라고 할 수 있다. 고려 청자가 조선 중기까지 만들어지고도 사라진 것은 당연하다. 고려 청자와 분청사기는 백자로 가는 과정의 산물이다.

백자는 중국에서조차 6세기가 되어서야 겨우 탁하고 거친 조질粗質 백자가 등장했고 11세기에 이르러 강도 높은 치밀질緻密質 청백자青白磁가 만들어졌으며 14세기 초에 드디어 오늘날과 같은 수준의 치밀질 백자가 제작됐다. 중국의 청화백자는 바탕이 푸르스름한 청백자로 시작하여 새하얀 치밀질 백자로 발달했다.

고려 비색翡色 청자가 중국 비색秘色 청자보다 낮다고 하는 주장에 가슴이 벅찰 수 있지만 백자로 가는 단계의 전반적인 품질로 보면 꼭 그렇지 않다. 실용과 미감을 모두 고려하는 디자인 관점

조선시대 청화백자 모란 무늬 병, 국립중앙박물관

에서는 각국의 조건에서 만들 수 있는 최고의 청자였다고 하는 편이 적절할 수 있다. 실용적 가치와 예술적 가치는 다를 수 있으며, 예술적 가치는 단순히 재료나 표현 기법에 따라 매겨지는 것이 아니다.

조선이 유교 국가여서 깨끗하고 올곧은 선비 정신과 온화하고 소박한 백성에게 어울리는 백자를 택해 널리 사용했다는 주장도 되짚어볼 필요가 있다. 조선 초에 도자기 선진국 중국이 유행시킨 경질 청화백자는 조선 왕실과 사대부에게 선망의 대상이었다. 실용성과 미감에서 청자나 분청사기보다 훨씬 뛰어나기에 수요가 급증했지만 수입이 원활하지 않았다. 그러자 세조(재위 1455~1468)는 먼저 왕실에서 사용할 경질 백자를 생산하기 위해 경기도 광주에 전용 관요官窯를 설치했다. 이후 조선 백자는 품질이 개선되고 생산량이 늘면서 16세기에 순백자純白磁, 청화백자로 전성기에 이르렀다가 철화鐵華 백자, 진사辰砂 백자 등이 나타나며 19세기까지 이어졌다. 물론 그런 고급 백자는 왕실과 사대부의 전유물이다시피 했고 서민 백성은 주로 옹기나 막사발 같은 값싼 그릇을 이용했다. 임진왜란과 병자호란을 겪지 않았다면 17세기에 쇠퇴하지 않고 도자기 강국이 되었을지 모른다. 일반 백성들도 좀더 나은 그릇을 사용할 수 있었을지 모른다.

중국에서 도자기를 수입하며 재료와 기술을 발전시켜 온 우리나라는 비교적 빠른 속도로 중국을 따라잡았다. 반면, 유럽은 오랫동안 낮은 온도에서 굽는 저화도低火度 토기에 머물다가 납이나 소다 등을 이용한 유약을 발전시키면서 도기를 생산했다. 중국의 청화백자를 접한 이후로 크나큰 변화와 발전이 일어났다. 최근에는 레오나르도 다빈치가 16세기 초에 그린 「모나리자」의 배경이 중국 청화백자의 산수문을 모방한 것이라는 주장이 있을 만큼 중국 청화백자의 영향은 지대했다.

중국 청화백자와 같은 자기를 만드는 데 필요한 태토, 유약, 안료를 찾거나 만들어내는 데 각국의 왕실이 경쟁적으로 앞장섰다. 조선의 왕실이 그랬던 것처럼 시설과 인력, 자본을 집중 투자했다. 그러다가 1708년 독일 마이센에서 중국 청화백자와 유사한 경질 자기를 생산해내는 데 성공했다.

덴마크의 로열 코펜하겐은 이러한 토대 위에서 시작했다. 아울러 산업혁명(1760~1840)과 계몽주의 시대의 과학적 방법과 합리적 사고, 로코코와 시누아즈리의 유행, 자국 내 자원과 유능한 인력 확보 덕분에 비교적 짧은 기간에 재료와 기술, 디자인에서 독립성을 갖출 수 있었다.

하지만 로열 코펜하겐은 기틀을 잡은 무렵에 크나큰 시련을 겪었다. 프랑스 혁명(1789~1794)의 여진이 가라앉기도 전에 나폴레옹 전쟁(1803~1815)의 영향으로 영국이 덴마크 수도 코펜하겐을 두 차례에 걸쳐 공격했다. 특히 1807년 제2차 코펜하겐 전투 때 파상적인 함포 포격을 받아 코펜하겐이 거의 폐허로 변했다. 로열 코펜하겐의 도자기 제조 시설도 파괴됐고 인명 피해도 발생했다. 1814년에 최종적으로 종전될 때까지 시설, 재료, 인력 등 모든 것이 정상화되지 못했다. 이후 서서히 회복하여 1820년대에 부흥기에 들어섰다. 1868년에 왕실 소유에서 민간 기업으로 넘어간 뒤 1882년에는 현재의 본사 자리로 신축 이전해 재도약의 기틀을 마련했다. 1885년 아르놀 크로그가 아트 디렉터로 들어온 뒤 많은 혁신이 있었다. 그중 기업의 성장 측면에서 가장 유효했던 것은 시장 확대였다. 기존에는 주로 덴마크 왕실과 귀족, 그리고 산업혁명으로 등장한 신흥 부르주아를 주 고객으로 했지만, 세계박람회에 참가해 제품을 홍보하고 프랑스 파리와 영국 런던에 전시판매장을 열어 운영하는 등 해외 시장 개척에 나섰다. 아울러 덴마크 일반 국민도 로열 코펜하겐 제품을 쉽게 이용할 수 있도록 판매장을 늘리고 대중성 있는 상품을 출시했다.

인류 역사상 가장 큰 전쟁인 제2차 세계대전(1939~1945) 때는 덴마크가 독일에 불과 6시간 만에 항복하여 로열 코펜하겐은 물리적, 인적 피해를 전혀 입지 않고 성장을 이어갔다. 당시 로열 코펜하겐의 도자기 전시장이 덴마크 레지스탕스의 활동 공간으로 이용되기도 했다. 세계대전이 끝난 뒤로는 트렌드에 맞춰 기본 디자인을 변주하고 확장하면서 비교적 안정적인 성장을 일구어 왔다.

로열 코펜하겐의 블루 플루티드는 250년 된 디자인이다. 하나의 디자인을 지켜오면서 번창할 수 있었던 핵심 비결은 무엇일까? 크게 두 가지로 요약할 수 있는데, 그중 하나는 시스템이다. 로열 코펜하겐은 전란을 겪어 폐허가 되기도 했고 왕실에서 운영하다가 민간으로 넘어간 뒤 여러 차례 매각과 인수, 합병을 겪었다. 하지만 늘 체계적으로 운영되는 시스템이 있었기에 일관성과 영속성이 유지됐다. 제작 단계별로 분업화가 되었을뿐더러 그것을 통합적으로 관리하는 조직 체계가 있었다. 로열 코펜하겐에서 도자기 제작을 위해 만들었던 모든 틀(주형)과 문양 도안, 기술 자료 등이 설립 이후 지금까지 그대로 보존되어 있어 언제든지 과거의 제품을 요즘의 기술로 재현할 수 있다. 실제로 로열 코펜하겐은 모든 제품은 아니지만 100년 넘은 일부 단종 모델들까지 주문 생산을 해서 판매하고 있다. 고급 도자기를 생산하는 도요지를 국가에서 통제했던 고려나 조선의 왕실은 백성의 세금으로 만든 진상 도자기를 그들의 전유물로 향유하기만 하고 체계적으로 관리하는 데는 소홀했다.

다른 하나의 비결은 인간 중심의 사고방식이다. 고려나 조선의 도공은 대부분 천민 또는 천민 취급 받은 평민(상민)이었다. 노비처럼 천한 대우를 받으며 진상할 고급 도자기를 만들어야 했다. 조선시대 관요의 도공들은 업業이 세습되고 거주 이전의 자유가 없었으며, 도공 외의 일을 할 수 없었고 개인 용도의 그릇을 만들지도 팔지도 못했다. 그릇 모양이 이상하거나 불량품이 생기면 죄를 물었다. 그래서 굶어죽거나 처벌된 이들이 많았다. 그들의 피와 땀과 눈물 그리고 깊은 한숨이 배인 도자기는 당연히 국가가 일방적으로 원한 대를 잇지 못했다. 관요는 도공들에게 억압과 착취의 생지옥이었다. 반면, 일본으로 잡혀간 조선 도공은 그곳에서 최고 신분인 사무라이 대접까지 받았다. 임진왜란 이후 일본의 도자기가 갑자기 꽃을 피운 것은 지극히 당연하다. 일본에 정착해 안정된 삶을 누린 도공들은 자신의 모든 지식과 기술, 그리고 뛰어난 창의성을 발휘해 화려한 백자를 만들어냈다. 시누아즈리와 함께 유럽을 강타한 일본 열풍인 자포네스크의 주역은 바로 조선 도공이었다.

로열 코펜하겐은 처음부터 실력 있는 기술자, 화가, 조각가, 디자이너 등을 영입하여 적절한 대우를 해주고 각자의 업무 독립성을 보장해 자신의 능력을 최대한 발휘할 수 있게 했다. 그리고 변화의 시기마다 새로운 인재를 영입함으로써 문제를 해결하고 혁신을 일구어나갔다. 로열 코펜하겐의 기업 연혁을 살펴보면 화가나 디자이너, 조각가, 아트 디렉터 같은 인물들의 역사나 다름

없다. 인간 중심의 경영이 곧 인간 중심의 디자인 사고가 반영된 제품의 탄생으로 이어졌다. 최근 수십 년간 출시된 새로운 컬렉션도 그것을 개발한 디자이너와 제품을 함께 홍보하고 있다.

생존이란 정체성을 보존하는 일이다. 생명체는 DNA를 보존하며 진화한다. 진화란 단순히 현상 유지나 지속적 발전이 아니라 환경에 적응하며 다양성을 늘려 생존 가능성을 높이는 과정이다. 그런 면에서 로열 코펜하겐은 현명한 진화의 길을 걸어왔다. 우리나라 도자기도 그러하길 소망한다.

내가 하는 도자기 수집과 수리가 도자기에 대한 인식과 관련 문화의 확산에 기여하기를 바란다. 재활용품 분리 수거와 자원 절약에 있어 세계적으로 으뜸인 우리나라에서 이웃 나라 일본이나 중국과 달리 도자기 수리가 활성화되지 않은 것은 참으로 안타까운 일이다. 도자기 수리는 물자를 아껴 자원을 절약하고 환경을 보호하는 일일 뿐만 아니라, 우리의 삶이 담긴 그릇의 삶을 늘림으로써 우리의 삶을 더 지속 가능하게 한다.

1 Golan, Ariel, *Myth And Symbol: Symbolism in Prehistoric Religions*, translated by Rita Schneider-Teteruk, Jerusalem, 1991, p.5.

2 방병선, 「닮은 듯 다른 '도기와 자기'」,《국가유산사랑》, 문화재청, 2017.

3 김찬곤, 『한국미술의 기원 빗살무늬 토기의 비밀』, 뒤란, 2021.

4 중국 신화에 등장하는 전설의 동물로, 사흉(四凶)이라 불리며 두려움의 대상이었던 네 마리 괴물 가운데 하나다. 몸은 소나 양이고, 뿔은 굽어 있고, 호랑이 이빨을 지녔으며, 사람의 얼굴과 손톱을 가졌다고 한다.

5 『중국 고대 청동기』, 국립중앙박물관, 2021.

6 미스기 다카토시, 『동서도자교류사: 마이센으로 가는 길』, 눌와, 2001.

7 [문병채 박사의 신 해양 실크로드] 신비로운 나라 '미얀마' (5),《광주매일신문》, 2019, 5, 29,

8 서긍(徐兢), 『선화봉사고려도경(宣和奉使高麗圖經)』 제32권, 기명(器皿) 3, 도준(陶尊). 한국고전번역원, 1994.

9 『도자기에 담긴 동서교류 600년』, 42쪽, 국립중앙박물관, 2020년

10 Hayden, Arthur, *Royal Copenhagen Porcelain: Its History and Development from the Eighteenth Century to the Present Day*, London: T. Fisher Unwin, 1911.

11 Dorenfeldt, Lauritz G., *Kongeligt porcelæn: brogetmalet porcelæn fra Den Kongelige Porcelainsfabrik 1775-1810*, Oslo: C. Huitfeldt Forlag, 1998.

12 https://www.royalcopenhagen.com/en-ie/our-legacy/our-history/collection-timeline

13 Hayden, Arthur, *Royal Copenhagen Porcelain: Its History and Development from the Eighteenth Century to the Present Day*, London: T. Fisher Unwin, 1911.

14 Dorenfeldt, Lauritz G., *Kongelig dansk 2: blåmalt porselen fra Den kongelige Porcelainsfabrik 1820-1923*, Oslo: C. Huitfeldt Forlag, 2000.

15 FREDRIKSEN, A. Frk, OSTENFELDT, A. Frk, MORTENSEN, HEDWIG Frk, SJOSTRAND, EBBA Frk.

16 일연(一然), 『삼국유사(三國遺事)』, 권1(卷一) 기이제일(紀異第一) 선덕왕 지기삼사(善德王 知幾三事), 한국사데이터베이스, 국사편찬위원회

17 국립현대미술관 전시, \<DNA: 한국 미술 어제와 오늘\>, 2021.

18 『고려 청자 강진으로의 귀향』, 56p., 2000.

19 노영덕, 「미학산책 : 존재 자체의 아름다움」, 《나라 경제》, 2013년 12월호.

20 Dorenfeldt, Lauritz G., *Kongeligt porcelæn: brogetmalet porcelæn fra Den Kongelige Porcelainsfabrik 1775-1810*, Oslo: C. Huitfeldt Forlag, 1998.

21 유수경, 「청대 박고문(博古紋) 자기의 양상과 그 영향」, 『東洋美術史學』 14, 2022.

22 Dorenfeldt, Lauritz G., *Kongeligt porcelæn: brogetmalet porcelæn fra Den Kongelige Porcelainsfabrik 1775-1810*, Oslo: C. Huitfeldt Forlag, 1998.

논문, 도서 등

「고려 왕실의 도자기」, 2008 미술관 테마전, 국립중앙박물관, 2008.

방병선, 『중국도자사 연구』, 경인문화사, 2012.

신주혜, 「17-18세기 유럽에 수출된 명·청대 박고문博古紋 자기의 양상과 그 영향」,
《美術史學研究》, 第313號, 2022. 3., 121-154쪽.

영현월, 노황우, 「한·중·일 현대 도자기 디자인 비교 연구」, 한국콘텐츠학회 2017
춘계종합학술대회, 433-434쪽.

유해영, 「사회 혁신을 위한 문제해결 중심의 서비스 디자인 씽킹 연구」,
디지털예술공학멀티미디어논문지, Vol. 9, No. 1, 2022, 47-56쪽.

Ceramic Publications Company, *Successful Tips for Buying and Using Pottery Clay*,
Second Edition, 2011.

Chaffers, William, *Marks & Monograms on European and Oriental Pottery and
Porcelain*, London: Reeves and Turner, 1908.

Cushion, J. P., Honey, W. B., *Handbook of Pottery and Porcelain Marks*, London:
Faber & Faber, 1980.

Danforth, Marie, "The Royal Copenhagen Porcelain", *Art & Life*, Vol. 11, No. 1
(Jul., 1919), pp. 31-35.

Franks, Augustus Wollaston, *Catalogue of a Collection of Oriental Porcelain and
Pottery: Lent for Exhibition*, London: G. E. Eyre and W. Spottiswoode for Her
Majesty's Stationary Offic, 1878.

Hooper, William Harcourt, *A Manual of Marks on Pottery and Porcelain*, London:
Macmillan and co., 1894.

Jeon, Seungchang, "Gold-Painted Celadon of the Late Goryeo Dynasty", *Journal of
Korean Art & Archaeology*, 6 (2012), pp. 38-53.

Kongelige Porcelainsfabrik, Royal Copenhagen Porcelain Works: 1779-1904
[Circular], 1904.

Litchfield, Frederick, *Pottery and Porcelain: A Guide to Collectors*, London & New
York: Truslove, Hanson & Comba, 1900.

Robinson, Ruth, "Porcelain by Hand in Copenhagen", Shopper's World, *The New York Times*, Jan. 13, 1985.

Stuart, Evelyn Marie, "The Story of Royal Copenhagen", *Fine Arts Journal*, Vol. 33, No. 3 (Sep., 1915), pp. 384-399.

웹사이트

공유마당 ◆ gongu.copyright.or.kr

국가유산청 ◆ www.khs.go.kr

국가유산청 국가유산포털 ◆ www.heritage.go.kr

국립고궁박물관 ◆ www.gogung.go.kr

국립중앙박물관 e뮤지엄 ◆ www.emuseum.go.kr

국사편찬위원회 ◆ www.history.go.kr

한국고전번역원 ◆ www.itkc.or.kr

한국민속대백과사전 ◆ folkency.nfm.go.kr

Antiques & Uncommon Treasure ◆ antiques-uncommon-treasure.com

Bibliotek.dk ◆ bibliotek.dk

Bukowskis ◆ www.bukowskis.com

FJØRN Scandinavian ◆ www.fjorn.com

Gloucestershire Archives ◆ www.gloucestershire.gov.uk/archives

House of Commons, Canada ◆ www.ourcommons.ca

Internet Archive ◆ archive.org

Library of Congress ◆ www.loc.gov

Mats Linder ◆ www.matslinder.no

Meissen ◆ www.meissen.com

Metropolitan Museum of Art ◆ www.metmuseum.org

National Museum, Norway ◆ www.nasjonalmuseet.no

Project Gutenberg ◆ www.gutenberg.org

Rijksmuseum Amsterdam ◆ www.rijksmuseum.nl

Royal Copenhagen ◆ www.royalcopenhagen.com

Royal Copenhagen Flora Danica Online ◆ floradanicaonline.com

Sèvres ◆ www.sevresciteceramique.fr

Smithsonian Institution ◆ www.si.edu

Smithsonian Libraries ◆ library.si.edu

SMK Open ◆ open.smk.dk

The British Museum ◆ www.britishmuseum.org

The Royal Danish Collection (Rosenborg) ◆ www.kongernessamling.dk

Tokyo National Museum ◆ www.tnm.jp

Victoria and Albert Museum ◆ www.vam.ac.uk

Wedgwood ◆ www.wedgwood.com

Wikipedia ◆ www.wikipedia.org